Hartmut Wilke

Der Naturteich im Garten

Anlage und Pflege, Tiere und Pflanzen
Mit Sonderteil: Das Leben
im Naturteich

Mit Farbfotos der besten Tierfotografen
und Zeichnungen von Fritz W. Köhler

Gräfe und Unzer

Die Farbfotos auf dem Buchumschlag zeigen:
Titelseite: Naturteich im Naturgarten.
Umschlagseite 2: Tannenwedel und Igelkolben, eine
Zierde für den Gartenteich.
Umschlagseite 3: »Naturbelassene« Baggerlöcher,
Modelle für den Gartenteich.
Umschlag-Rückseite: Oben links: Adonislibelle; oben
rechts: Teichmolch; unten links: Europäische Sumpf-
schildkröte; unten rechts: Wasserfrösche.

Dr. Hartmut Wilke
geboren 1943 in Oranienburg. Studium der Mee-
resbiologie, Hydrobiologie und Fischereiwissen-
schaft in Mainz und Hamburg. Promotion über
Fischkrankheiten. Seit 1973 Leiter des Exotariums
am Zoologischen Garten der Stadt Frankfurt am
Main, in dem neben tropischen Fischen auch Amphibien, Echsen, Schlangen und Schildkröten ge-
pflegt werden. Seit 1983 Leiter des Zoologischen
Gartens »Vivarium« in Darmstadt.

Meiner Frau Renate gewidmet

Die Fotografen:

Angermayer/Pfletschinger: Seite 17 Mitte r., l. u.,
Seite 53 r. u., Seite 63 Mitte r., Seite 64, U 4 l. o.,
Bogon: Seite 17 o. r., Daudt: Seite 53 l. o., Mitte r.,
Seite 63 r. o., Diedrich: Seite 17 l. o., Seite 27 o.,
Seite 28 Mitte r., l. u., Knapp: U 3, U 4 r. o., König:
Seite 17 r. u., Pforr: Seite 28 Mitte l., r. u., Seite 53
Mitte l., l. u., Reinhard: Seite 27 u., Rüppel:
Seite 18, Seite 63 l. o., U 4 r. u., Rohdich: U 4 l. u.,
Scherz: Seite 28 l. o., Schwarz/Hartmann: U 1,
Schwarz/Heim: Seite 63 Mitte l., r. u., Wothe: U 2,
Seite 17 Mitte l., Seite 28 r. o., Seite 53 r. o., Seite
54 o., Seite 63 l. u. Zeininger: Seite 54 u.

2. Auflage 1983
© Gräfe und Unzer GmbH, München
Alle Rechte vorbehalten. Nachdruck, auch auszugs-
weise, sowie Verbreitung durch Film, Funk und
Fernsehen, durch fotomechanische Wiedergabe, Ton-
träger und Datenverarbeitungssysteme jeder Art nur
mit schriftlicher Genehmigung des Verlages.
Redaktionsleitung: Hans Scherz
Lektorat: Susi Piroué
Umschlaggestaltung: Heinz Kraxenberger
Satz und Druck des Textteils:
Druckerei Georg Wagner
Reproduktion und Druck der Farbbilder und des
Umschlags: Graphische Anstalt E. Wartelsteiner
Bindung: Großbuchbinderei R. Oldenbourg

ISBN 3-7742-5822-8

Inhalt

Ein Wort zuvor

Mit dem Wasser hat es etwas Besonderes auf sich: Im Wasser entstand das erste Leben auf unserer Erde, und noch heute ist jedes Lebewesen, auch der Mensch, davon abhängig. In frühgeschichtlicher Zeit hatte das Wasser, wie alle Elemente, im Leben des Menschen eine tiefe Bedeutung; unsere Vorfahren verehrten Quellen und Weiher als lebensspendende Heiligtümer, als Sitz von Gottheiten, Nixen und Nymphen.

Auch Sie, lieber Naturfreund, wenden Ihr Interesse wieder dem Wasser zu – allerdings mit dem praktischen Ziel, sich einen Naturteich anzulegen. Ich möchte Sie zu diesem Vorhaben beglückwünschen.

Immer mehr Teiche, Tümpel und »sumpfige Wiesen« (Feuchtgebiete) werden trockengelegt oder mit Unrat aufgefüllt – entweder weil sie auf Bebauungsplänen lästige Hindernisse darstellen, oder weil sie in landwirtschaftlich genutzten Zonen zur Ertragssteigerung herhalten müssen. Diese von Leben wimmelnden Feuchtgebiete – Geburtsstätte, Lebensraum und Nahrungsquelle für unzählige wirbellose Tiere, Fische, Amphibien und Reptilien – verlöschen dann mit einem Schlag und alles Lebendige in ihnen. Mit dem Naturteich in Ihrem Garten schaffen Sie einen kleinen Ersatz für die vielen zerstörten Feuchtgebiete; Sie steuern damit ein Steinchen bei zum Mosaik der Kleingewässer in Gärten. Und die auf diese Weise wachsende »Teichlandschaft« ist ein wertvoller, aktiver Beitrag zum Naturschutz.

Allerdings lassen Sie sich bei der Anlage eines Naturteichs in Ihrem Garten auch auf eine langwierige und anstrengende Arbeit ein. Ich habe Ihnen alle Arbeitsschritte ausführlich erklärt, damit Sie von vornherein wissen, was Sie erwartet. Umgekehrt erfahren Sie in diesem Buch auch, was Sie von Ihrem Naturteich erwarten dürfen. Nach Lektüre der entsprechenden Kapitel wird Ihnen klar sein, warum ein Naturteich nicht gleichzeitig ein Fischteich mit Seerosen und Goldfischen sein kann. Und wenn Sie Besitzer eines Gartens sind, der in der Stadt oder inmitten einer Siedlung liegt, werden Sie verstehen, warum Sie bestimmte Amphibien nicht in Ihren Teich einsetzen dürfen. Viele Arten wandern nämlich nach einiger Zeit wieder ab, und bei dieser Wanderung würden sie auf den Straßen elend zugrunde gehen.

Während meiner zehnjährigen Tätigkeit im Zoologischen Garten Frankfurt habe ich viele hilflose Teichbesitzer beraten, von denen einige so gut wie alles falsch gemacht hatten. Daraus habe ich gelernt und kann Sie jetzt davor bewahren, dieselben Fehler zu begehen. Wenn Sie sich genau an die Vorschläge und Anleitungen dieses Ratgebers halten, wird Ihnen das Unternehmen »Naturteich im eigenen Garten« bestimmt gelingen. Dann erleben auch Sie, wie in Ihrem Teich neues Leben entsteht – vom Auftauchen des ersten Urtierchens bis zum Schwirrflug der Libellen, dem Ruf der Unken und dem Springen der Fische.

Dabei wünsche ich Ihnen und Ihrer Familie viel Freude.

Hartmut Wilke

Vor dem Start zu bedenken

Es wäre schade, wenn Sie den schönen Wunsch, einen Naturteich im Garten anzulegen, auf halber Strecke aufgeben müßten, nur weil Sie vergaßen, entscheidende Voraussetzungen zu bedenken. Prüfen Sie deshalb die folgenden Punkte vor Beginn jeder weiteren Planung:

● *Wie groß ist Ihr Grundstück und welchen Anteil wollen Sie für den Naturteich und sein unmittelbares Umland zur Verfügung stellen?* Beabsichtigen Sie, nicht viel mehr als 1 bis 2 m² zu »opfern«, so beschränken Sie sich am besten auf die Schaffung eines Kleinstgewässers in Form einer etwas großzügigeren Vogeltränke oder von »wassergefüllten Wagenspuren«, die sogar Gelbbauchunken oder Moorfrösche zum vorübergehenden Verweilen einladen können. Auf 4 m² Grundfläche läßt sich schon ein kleiner Teich von 60 bis 80 cm Tiefe einrichten, in dem bald Wasserinsekten und Amphibien zu beobachten sein werden. Manche Amphibien können in derart flachen Gewässern auch einmal einfrieren, ohne zu sterben. Fische dagegen lassen sich erst dann ansiedeln, wenn der Teich mehr als 80 cm Tiefe erreicht (das gewährt Sicherheit vor Frost und Eis). Diese Tiefe ist jedoch erst bei Teichen von 6 bis 8 m² befriedigend zu gewinnen. Ausnahmen stellen Kunststoff-Fertigteiche dar, deren verschiedene Tiefenzonen stufenförmig gepreßt sind. Es gibt sie zwar bereits als 80 cm tiefe Becken mit nur 2 m² Oberfläche, dennoch sind sie wegen ihres geringen Rauminhalts für die Ansiedlung von Fischen ungeeignet. Bei einem großen Grundstück müssen Sie sich keiner Beschränkung hinsichtlich der Größe und Tiefe des Teichs unterwerfen. Mit jedem Quadratmeter Fläche und jedem Meter Tiefe gewinnt er an »biologischer Stabilität«, ist also nicht so leicht aus seinem »biologischen Gleichgewicht« (→auch Seite 38) zu bringen. Die vernünftige Obergrenze für einen Naturteich im Garten dürfte allerdings etwa bei einem Durchmesser von 6 m und einer Tiefe von 1,50 m liegen.

● *Wie ist die Umgebung Ihres Gartens beschaffen?* Liegt er als grüne Oase mitten in einer Siedlung, die von Autobahnen und Schnellstraßen umgeben ist, oder im Herzen einer Stadt, so werden Amphibien oder Reptilien kaum von selbst zuwandern. Andererseits werden von Ihnen künstlich angesiedelte Tiere oder ihr Nachwuchs dem Instinkt folgend mehr oder weniger rasch abwandern. Sie werden nicht lange überleben, denn entweder finden sie den Tod auf der Straße oder sie erreichen keine geeigneten Lebensräume. Bei einer solchen Lage eignen sich nur wenige Amphibien mit fester Bindung an das Laichgewässer zur Ansiedlung (→Seite 39 ff.)!

● *Wie ist die unmittelbare Umgebung des künftigen Teichs beschaffen? Sind Sie bereit, die Ansprüche der Amphibien an Größe und Gestaltung ihrer Lebensräume zu berücksichtigen?* Am Rand des Teichs sollten Sie je nach natürlichem Vorkommen oder geplantem Besatz ein geeignetes »Jagdgelände« und Versteckmöglichkeiten anbieten. Das braucht Platz! Wieviel, das erfahren Sie auf Seite 39 ff.

● *Haben Sie den Arbeitsaufwand bedacht?* Er ist nicht zu unterschätzen und kann schnell zur Entmutigung führen. Das Ausheben des Teichs nur mit Schaufel und Hacke dauert – je nach Größe und Zahl der Hilfswilligen – monatelang. Beachten Sie auch die Bodenverhältnisse. Lockerer Sandboden ist rascher beseite geschafft als schwerer Lehmboden. Auch vergrabener Bauschutt kann zu einem unangenehmen Hemmnis werden. Wenn Sie schnell zum Ziel kommen wollen, müssen Sie den Einsatz eines Baggers oder einer Planierraupe in Betracht ziehen – vor allem, wenn in der Nähe ohnehin gebaut wird, was die Anfahrtkosten vermindert. Voraussetzung ist natürlich eine geeignete Zufahrt.

● *Wissen Sie, wohin Sie den Aushub bringen?* Da der Teich wohl immer nur einen Bruchteil der Grundstücksfläche einnehmen wird, empfiehlt es sich in der Regel, den Aushub im Garten zu lassen. Er bietet eine willkommene

Vor dem Start zu bedenken

Masse, um Hügel in der Umgebung des Teichs aufzuschütten und Verstecke für Amphibien und Reptilien zu schaffen. Außerdem haben Sie immer Erde parat zum Wiederauffüllen der Baugrube, falls Sie eines Tages des Teichs überdrüssig werden sollten.

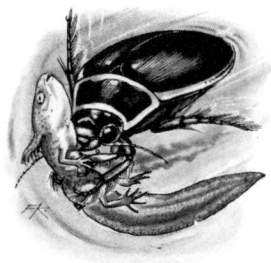

In einem Naturteich pendelt sich das Räuber-Beute-Verhältnis meist nach kurzer Zeit ein: Gelbrandkäfer und ihre Larven ernähren sich zum Beispiel von Amphibienlarven.

● *Welche Folgen bringt der Teich für die Umgebung?*
Neben der gewollten, angenehmen Bereicherung des Gartengrundstückes können Begleiterscheinungen auftreten, die Sie vorher bedenken sollten: Mückenplage – bei naturgemäßer Entwicklung des Teichs meistens nur auf die ersten 1 bis 2 Jahre beschränkt. Froschkonzerte – haben schon gute Nachbarn zu Prozeßgegner werden lassen. Fragen Sie Ihre Nachbarn lieber vor der Ansiedlung wegen möglicher »Unverträglichkeiten«. Unangenehm kann es werden, wenn sich die Frösche von selbst einfinden. Oft kommt es dann zu Prozessen durch die Nachbarschaft. In der Regel werden sie bei wachsendem Umweltbewußtsein für den Teichbesitzer entschieden, wenn die Frösche wirklich von selbst eingewandert sind und auch früher, also vor Besiedlung des Geländes, dort ansässig waren. (Umweltschutzorganisationen geben in solchen Fällen vielfach Rechtshilfe.)

● *Wohin mit dem Wasser?*
Bedenken Sie, daß auch ein Naturteich gelegentlich abgelassen werden muß. Entweder Sie schließen den Abfluß an das Kanalnetz an, oder Ihr Grundstück muß das Wasser über eine Sickergrube verkraften können. Vergessen Sie bitte dabei nicht, daß Lehmboden Wasser langsamer versickern läßt als lockerer Sandboden! (→ auch Seite 22 f.)
● *Haben Sie auch bedacht, daß Naturteich und Fischteich, also ein Becken für Goldfische und Seerosen, zwei verschiedene Dinge sind?*
Thema dieses Buches ist nicht die Anlage eines Fischteiches. Wenn Sie sich für einen Naturteich entschieden haben und nach meinen Angaben verfahren, werden Sie von selbst auf ein Gewässer mit Goldfischen und Seerosen verzichten.
● *Halten sich in Ihrem Garten Kleinkinder auf?*
Schließen Sie von vornherein die Gefahr des Ertrinkens aus, indem Sie das Gelände entweder – für 3- bis 4jährige unüberwindlich – einzäunen oder den Bau des Teichs auf einen Zeitpunkt verschieben, zu dem auch die Jüngsten willens sind, Ihre Mahnungen zu befolgen – oder schwimmen können!

Das Leben im Naturteich

Die Gewässerarten von der Pfütze bis zum See

Bevor ich auf die biologischen Abläufe in einem Naturteich näher eingehe, möchte ich Sie mit einigen wasserkundlichen Begriffen vertraut machen. Es gibt Pfützen, Tümpel, Weiher, Teiche und Seen.

Die einfachste Form eines stehenden Gewässers ist die *Pfütze*. Nach einem kräftigen Regen überall zu sehen und jedermann geläufig, ist sie charakterisiert durch eine Lebensdauer, die ebenso gering ist wie ihre Wassertiefe. Doch bietet sie unter Umständen schon Platz für die Besiedlung mit Mückenlarven.

Mit zunehmendem Wasserstand verlängert sich auch die Lebensdauer einer Pfütze, die wir dann *Tümpel* nennen, sobald das Gewässer einige Wochen bis Monate bestehen bleibt. Bombentrichter, Wurzelgruben umgestürzter Bäume oder andere mit Wasser gefüllte Vertiefungen gehören hierher.

Bleibt ein solcher Tümpel das ganze Jahr über mit Wasser gefüllt, wird er zum *Weiher*. Hier schwankt der Wasserstand zwar in Abhängigkeit vom Grundwasserspiegel und/oder Niederschlag, er trocknet jedoch nie ganz aus. Ein Weiher mit künstlichem Abfluß, der im Extremfall völlig trockengelegt werden kann, wird als *Teich* bezeichnet.

Alle genannten Gewässer haben eine relativ geringe Tiefe von kaum mehr als 2 m. Geht sie darüber hinaus, so haben wir einen *See* vor uns, dessen Inhalt vom Menschen nicht mehr oder – im Falle eines Stausees – nur sehr schwer zu beeinflussen ist.

Jetzt kennen Sie die fachmännisch exakte Einteilung der Gewässer und ihre genaue Definition. Streng genommen wird in diesem Buch die Anlage eines *natürlichen Gartenweihers* beschrieben. Um jedoch dem geläufigeren Sprachgebrauch zu folgen und mit dem in Deutschland zum Teil unüblichen Begriff »Gartenweiher« keine Verwirrung zu stiften, wird dieser Ausdruck durch die bekanntere Bezeichnung *Naturteich im Garten* ersetzt. Wir werden uns in diesem Buch aber allein an der Biologie eines *Weihers* und seiner Umgebung in der Natur orientieren.

Warum nicht Tümpel oder Fischteich zum Vorbild nehmen? Der Tümpel erscheint ungeeignet, weil er immer wieder austrocknen kann; der Fischteich wird regelmäßig abgefischt, trockengelegt, gereinigt, ausgefroren und gekalkt. Diese Arbeiten müssen Sie an Ihrem Naturteich in diesem Umfang nicht vornehmen. Sie sollten sich an einem Weiher in der Natur einmal genau umschauen. Die Beobachtung wird Ihnen helfen, am und im Gartenteich eine natürliche Entwicklung zuzulassen.

Die Tier- und Pflanzenwelt des Naturteichs

Die Entwicklung des Lebens in Ihrem Naturteich ähnelt dem Schicksal einer verlassenen, flachen, wassergefüllten Kiesgrube (→ Foto Umschlagseite 3). Anfangs ist das Wasser noch klar, das Ufer unbegrünt. Mit der Zeit aber wehen Pflanzenteile, Blätter und Insekten auf die Wasseroberfläche, sterben ab und sinken zu Boden. Hier werden sie von Bakterien zu Erde zersetzt (mineralisiert). Es entsteht sozusagen eine flache »Kompostschicht« auf dem Boden, und entsprechend wirken die Zersetzungsprodukte: Sie düngen das Wasser, geben Nährstoffe ab, von denen zunächst einfache (einzellige) freischwebende Algen leben. Diese vermehren sich dank des Nährstoffreichtums und besonders unter dem Einfluß des Sonnenlichtes in zunehmendem Maße, sinken langsam zu Boden und sterben ab. Hier werden sie ebenfalls »verkompostiert«. Der Nährstoffgehalt steigt weiter und damit die Zahl der Algen und so fort.

Inzwischen sind durch Samenflug und Wasservögel höhere Pflanzen eingetragen worden, die am Grund wurzeln und im Uferbereich zu keimen beginnen, wo sie herrlich gedüngtes Wasser vorfinden. Dabei gedeihen nur die Sorten aus der Vielfalt der eingetragenen Gewächse, denen sowohl Wasserqualität als auch Unter-

Das Leben im Naturteich

grund zusagen. Die anderen gehen ein oder kümmern, bis sie schließlich von den starkwüchsigen, »standortgemäßen« überwuchert und erdrückt werden.

Zwischen Wurzeln und Stengeln sammeln sich Erde und Schlamm besonders rasch an, verfestigen sich und werden von den Wurzeln neu hinzukommender Pflanzen festgehalten. Dies geschieht auch am Saum zum offenen Wasser hin. Der Pflanzengürtel schiebt sich dadurch immer weiter auf das offene Wasser hinaus – das Gewässer »verlandet«.

Nach einigen Jahren kann es völlig zugewachsen und in eine Sumpflandschaft verwandelt sein. Die Geschwindigkeit, mit der das geschieht, hängt hauptsächlich vom Nährstoffreichtum des Wassers ab. Die Tiefe ist nicht unbedingt von Bedeutung, da sich der Pflanzengürtel auch »freischwimmend« vorschieben kann, ohne im Grund zu wurzeln (Schwingrasen).

Die kleinsten Organismen der Tierwelt können nicht aktiv fliegen. Sie werden als »Sporen« im abgekapselten (trockenen) Zustand mit dem Staub – zum Beispiel aus einem ausgetrockneten Tümpel – angeweht. Das trifft auf Urtierchen, übrigens auch Bakterien, zu, jedoch auch auf bestimmte »Dauerstadien« von Kleinkrebsen und Würmern. Wasserkäfer fliegen herbei; Mücken legen ihre Eier ins Wasser, die sich bald zu Larven entwickeln und als attraktives Futter Wasserläufer und Rückenschwimmer anlocken.

Eier von Schnecken, Amphibien und Fischen werden im Gefieder von Wasservögeln aus reich bevölkerten Seen herbeigetragen und entwickeln sich bei gutem Nahrungsangebot rasch. Junge Molche, Frösche und Kröten kommen auf der Suche nach neuen Wohn- und Laichgewässern aus vielen Kilometern Entfernung herbei, um sich unter den günstigen Lebensbedingungen hier anzusiedeln, und manche Ringelnatter wird sich ihrerseits von dem reichgedeckten Tisch ernähren wollen.

Einer lebt vom anderen. Je reichlicher beispielsweise Mückenlarven vorhanden sind, um

so rascher wachsen und vermehren sich die Fische. Diese wieder können sich nur so lange vermehren wie Mückenlarven vorhanden sind. Das Räuber-Beute-Verhältnis pendelt sich rasch ein. Es läßt jeden überleben – das Gleichgewicht im Artenbestand des Gewässers ist hergestellt. Diese Lebensgemeinschaft ist jedoch nicht überall gleich. Sie setzt sich je nach Wasserqualität unterschiedlich zusammen. Im nährstoffarmen Moorgewässer ist sie artenärmer als in einem nährstoffreichen Dorfteich.

1 Köcherfliege, 2 Eintagsfliege, 3 Kleinlibellen (Paarung), 4 Großlibelle, 5 Wasserläufer, 6 Schlüpfende Großlibelle, 7 Wasserspitzmaus, 8 Froschlaich, 9 Teichfrosch, 10 Bergmolch, 11 Kaulquappen, 12 Fischegel, 13 Larven-Mücken-Puppen, 14 Ringelnatter, 15 Gelbbauchunke, 16 Fadenmolch, 17 Elritze, 18 Posthornschnecke, 19 Stichling, 20 Kammmolch, 21 Rückenschwimmer, 22 Gr. Spitzhornschlammschnecke, 23 Wasserspinnen, 24 Köcherfliegen-Larve, 25 Teichmolch, 26 Kolbenwasserkäfer, 27 Gelbrandkäfer, 28 Jungmolch, 29 Wasserskorpion, 30 Gelbrandkäfer-Larve, 31 Furchenschwimmer, 32 Eintagsfliegen-Larve, 33 Wasserassel, 34 Großlibellen-Larve, 35 Erdkröten-Quappe

Das Leben im Naturteich

Das Leben im Naturteich

Auch Ihr Naturteich im Garten wird diesen Gesetzen gehorchen. Was Sie tun können, um diesen Lebensraum gesund zu erhalten, aber auch was Sie unterlassen sollten, um sein Gleichgewicht nicht zu stören, erfahren Sie in den folgenden Kapiteln.

Die biologischen Vorgänge im Naturteich

Eine der schönsten Eigenschaften Ihres Naturteichs im Garten möchte ich gleich vorwegnehmen: Er macht so gut wie keine Arbeit! Der kleine Rest, der Ihnen bleibt, beschränkt sich hauptsächlich darauf, den Teufelskreis von Nährstoffanreicherung und verstärktem Pflanzenwachstum zu unterbrechen: Je nach Wachstumsgeschwindigkeit der Bepflanzung und der Teichgröße müssen Sie alle 1 bis 2 Jahre einen Teil der vordringenden Sumpfpflanzen ausräumen. Darüber hinaus ist der Boden von einem Großteil des Schlammes (etwa 75 Prozent) und versunkenen Pflanzenmaterials (etwa 45 Prozent) zu befreien. Das wär's im wesentlichen! Wie Sie mit speziellen Problemen fertig werden, lesen Sie im Kapitel »Pflege und Erhaltung des Teichs«, Seite 59 ff.

Alle weiteren Handgriffe stehlen Ihnen nur die Zeit, die Sie viel entspannter in der Betrachtung Ihres über die Jahreszeiten und Jahre sich ständig verändernden Teichs verbringen können.

Im übrigen sind unter Wasser abgelagertes Laub und Schlamm Versteck und Lebensraum für viele Tiere, die für die »Gesundheit« des Weihers – sein biologisches Gleichgewicht (→Seite 38) – wichtig sind. Bei einer totalen Reinigung wäre dieses Gleichgewicht zumindest kurzfristig empfindlich gestört. Wenn ein Teil dieser Organismen im Teich verbleibt, kann sich aus dieser »Keimzelle« der Grund wieder sehr viel rascher besiedeln.

Ich empfehle Ihnen, dem Vorschlag des Schweizers Urs Schwarz, des ersten bekannten Verfechters des »Naturgarten-Gedankens« zu folgen: Reinigen Sie jährlich umschichtig jeweils nur die Hälfte bis ein Drittel des Bodens; so fördern Sie eine Lebensgemeinschaft mit insgesamt 2 bis 3 verschiedenen Altersstufen in den unterschiedlich alten Bodenabschnitten (→Zeichnung Seite 59). Es ist die behutsamste Methode, um die Biologie des Teichs zu erhalten. Doch was hat es mit dieser Biologie auf sich?

Lassen Sie uns einen kurzen Blick auf die Organismen werfen, die dafür sorgen, daß eingetragenes Fremdmaterial, absterbende Pflanzen und Tiere abgebaut werden. Die Hauptarbeit verrichten die Bakterien. Sie leben überall im Erdboden, zum Teil inaktiv und abgekapselt, und vermehren sich, sobald die Lebensumstände für sie günstig sind. Es gibt verschiedene Arten, die alle »Hand in Hand« arbeiten. Die einen zerlegen zum Beispiel einen Pflanzenstiel, ein Blatt oder ein Stück Holz in seine Bestandteile, die einzelnen Zellen. Andere machen sich über den nunmehr leichter zugänglich gewordenen Zellinhalt her und ernähren sich davon.

Unter den Bakterien gibt es viele Spezialisten, die sich ausschließlich von bestimmten Substanzen ernähren und diese nur »halbverdaut« ausscheiden. Darauf warten schon die nächsten, nehmen die Bruchstücke auf und verdauen sie weiter – und so fort, bis es nichts mehr zu verdauen gibt. Die Endprodukte sind im wesentlichen Kohlensäure, Düngesalze (unter anderem Stickstoff- und Phosphorverbindungen) und Wasser. Der Verdauungsvorgang heißt »Mineralisation«; durch ihn wird Abfall beseitigt und Nahrung für die Pflanzen geschaffen. Ich werde wegen seiner Bedeutung noch einmal darauf zurückkommen (→Seite 38).

Alle oben genannten Bakterien benötigen für ihre Arbeit Sauerstoff, und der ist nicht immer in ausreichendem Maße vorhanden. Warmes Wasser kann nicht so viel Gas (zum Beispiel Sauerstoff) aufnehmen wie kaltes (Sie wissen, warmes Mineralwasser perlt heftiger als kaltes), und so herrscht bei hohen Temperaturen im Teich schon ganz von selbst ein gewisser Sauerstoffmangel, der oberhalb 30° C kritisch zu werden beginnt. Darüber hinaus benötigen die Organismen um so mehr Sauerstoff, je mehr »Abfall« vorhanden, je größer ihre Verdauungsleistung ist. Diese Leistung nimmt mit steigender Temperatur ebenfalls zu, und dann kann es zur Katastrophe kommen: Plötzlich ist der Sauerstoff aufgebraucht, die Bakterien »ersticken«, sterben oder kapseln sich wieder ab und müssen die Arbeit anderer Bakterien aus der sauerstofffreien »Unterwelt« überlassen.

Diese arbeiten im Prinzip wie die sauerstoffliebenden und zersetzen pflanzliche und tierische Bestandteile, doch sind die Endprodukte übelriechende Erzeugnisse wie Sumpfgas (Methan), Schwefelwasserstoff (gasförmig, nach faulen Eiern riechend) und schwarzer Faulschlamm, der beim Anstechen seine Gase in Blasen freigibt.

Bleibt der Teich verhältnismäßig nährstoffarm und kann er sich nicht zu stark erwärmen, so werden Sie kaum Faulschlamm am Boden finden. In den meisten Fällen jedoch wird sich eine gewisse Faulschlammbildung nicht vermeiden lassen. Ist das darüberstehende Wasser bei »normaler« Temperatur (16–26° C) noch sauerstoffreich, so ist das Leben im Teich nicht bedroht. Rühren Sie jedoch unsachgemäß den Schlamm auf, so können die frei werdenden Gase einen Teil der Wassertiere töten. Lassen Sie die Schicht also ruhig am Boden liegen und ziehen Sie den Schlamm im Herbst, wenn das Tierleben ohnehin »ruht«, vorsichtig mit einem geeigneten Schlauch ab.

Wichtig ist, daß Sie erkennen, wie sich der Teich entwickelt und daß Sie der Entwicklung ihren Lauf lassen! Einen trüben, nährstoffreichen Teich in einen klareren nährstoffarmen verwandeln zu wollen, ist ein Unterfangen, das viel Zeit, Geld und Ärger kosten würde, aber bestimmt kein auf Dauer befriedigendes Ergebnis beschert. Sie schaffen sich damit lediglich einen Dauerpatienten, der aus dem Gleichgewicht gerät und an Schläuchen von Pumpen hängend nur noch dank kostspieliger Intensivpflege am Leben erhalten werden kann.

Viele Bakterien und wirbellose Tiere sind außerdem empfindlich gegen Umweltchemikalien. Halten Sie deshalb alles fern, was die Natur nicht von selbst in den Teich einbringt und überlassen Sie den Rest am besten jemandem, der es bestimmt besser weiß – der Natur! Sie geben lediglich Starthilfe und lassen Ihren Teich in den nächsten 3 bis 20 Jahren unter Ihrer leicht lenkenden Hand sich von selbst entwickeln.

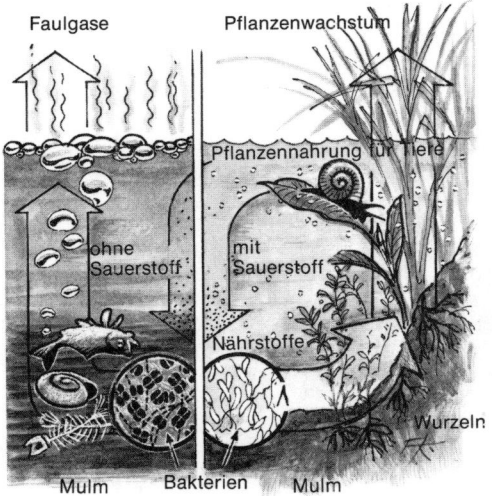

Faulgase

Pflanzenwachstum

Pflanzennahrung für Tiere

ohne Sauerstoff

mit Sauerstoff

Nährstoffe

Wurzeln

Mulm   Bakterien   Mulm

Stoffkreislauf im Teich. Links: Ohne Sauerstoff zersetzen sich Kot, Pflanzen- und Tierüberreste zu giftigen chemischen Verbindungen und Faulgasen. Rechts: Mit Sauerstoff entsteht aus diesen Resten »Dünger«.

Die Anlage des Teichs

Lage und Größe

Die Voraussetzungen für die Anlage eines Naturteichs in Ihrem Garten kennen Sie jetzt (→Seite 5 f.). Sie müssen sich jetzt für einen Naturteich einer bestimmten Größe und Tiefe entscheiden, einerseits bezogen auf die Größe Ihres Grundstücks, andererseits auf die Bedürfnisse der Tier- und Pflanzenwelt, die Sie hier ansiedeln oder sich entwickeln lassen wollen.

Als nächstes können Sie nun – je nach Temperament – einen maßstabgerechten Plan des Grundstücks anfertigen, darauf die Lage des Teichs festsetzen und dann zu Werke gehen, oder Sie stecken gleich vor Ort den Umfang mit in den Boden gerammten Pflöcken ab.

Sie legen den Teich in den Schattenbereich von – vorhandenen oder noch zu pflanzenden – Bäumen, wenn der zu erwartende Tierbesatz oder die ausgewählten Pflanzen dies für eine gute Entwicklung benötigen. Umgekehrt werden Sie den Teich in eine südorientierte, sonnige Lage bringen, wenn Sie wärmebedürftige Tiere und Pflanzen einsetzen wollen. Berück-

sichtigen Sie bitte dabei auch, daß Amphibien Steinmauern, Erdwälle, Komposthaufen, Wurzeln und andere »Aktionsräume« brauchen.

Was Sie für den geplanten Besatz oder die Bepflanzung im einzelnen berücksichtigen müssen, wie Bodenqualität, Bodenfeuchtigkeit, Besonnungsdauer, geographische Höhenlage, finden Sie auf den Seiten 24 ff. und 39 ff.

Keine Probleme werden Sie mit einem etwa 7 m² großen, 80 cm tiefen Teich haben, der ganztägig in der Sonne liegt und lediglich über die Mittagszeit 2 bis 4 Stunden von Bäumen und Sträuchern beschattet wird.

Die Abdichtungsmaterialien und ihre Verarbeitung

Ideal ist es, wenn Sie den Teich so ausheben können, daß Sie den Grundwasserspiegel durchstoßen (in Naßwiesen, an Quellhorizonten). Auch wenn der Boden ausgesprochen tonig (Letteboden) und sozusagen »von selbst« dicht ist, können Sie durch einfaches Ausschachten einen natürlichen Gartenteich schaffen. In den weitaus meisten Fällen müssen Sie jedoch den Boden abdichten, sonst versickert das Wasser.

Schon vor Beginn der Ausschachtungs- und Erdarbeiten müssen Sie sich für ein bestimmtes Abdichtungsmaterial entscheiden. Daher habe ich Ihnen im folgenden alle wichtigen Erzeugnisse auf diesem Gebiet aufgezählt und ihre Verarbeitung beschrieben. Wofür Sie sich letztlich entscheiden, wird vom Preis, Ihrem handwerklichen Geschick und den Gegebenheiten in Ihrem Garten abhängen.

Ton

Fetten Ton (»Lette«) oder Lehm bekommen Sie im Baufachhandel. Er ist wasserundurchlässig. Stampfen Sie ihn in einer Schicht von 20 bis 30 cm Stärke fest (krümelig-trocken verarbeiten, sonst wird die Arbeit zur Fron) oder bringen Sie ihn in Form von zwei Lagen senkrecht gestellter ungebrannter Abfallziegel (von

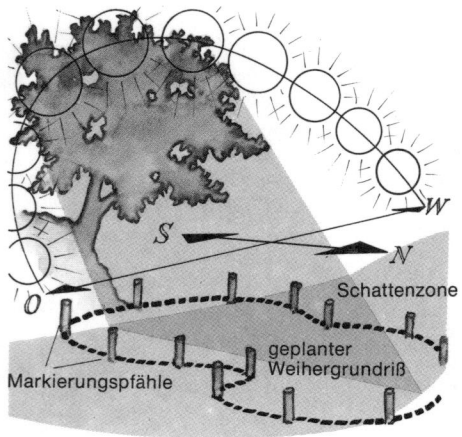

So können Sie testen, wie viele Stunden Ihr Teich im Schatten liegt.

der Ziegelei) ein. Anfangs den Lehm mit wenig Wasser naß machen und mit den Füßen oberflächlich durchstampfen (»kneten«). Nach dem Füllen mag anfangs noch etwas Wasser durchsickern, doch das hört rasch auf, wenn sich die feinen Kanäle oder Spalten von selbst zuschlämmen. Wenn Sie die Tonschicht mit einer 10 cm dicken Lage aus grobem Sand abdecken, verhindern Sie, daß Tiere den Lehm aufwirbeln und das Wasser trüben. Beim Einfüllen des Wassers auftretende Trübungen setzen sich bald ab.

Vorteil: einfach, leicht und billig herzustellen und zu reparieren.

Nachteil: kann leicht durch tiefwurzelnde Pflanzen undicht werden, so daß der Teich häufiger nachgefüllt werden muß.

PVC-Folie

Es gibt spezielle Folien im Handel, die besonders reißfest, zwischen 0,5 und 0,8 mm stark, »rußstabilisiert«, widerstandsfähig gegen Sonnenlicht und etwa 10 bis 15 Jahre haltbar sind (zum Teil mit Werksgarantie). Die Bahngröße bestimmen Sie nach der auf Seite 25 beschriebenen Methode mit Hilfe von Schnüren. Die Folien sind entweder großflächig oder in Bahnen lieferbar. Letztere können Sie mit etwas handwerklichem Fingerspitzengefühl mittels eines Spezialklebers (»Quellschweißmittel«, Zoofachhandel, Dachdecker) und eines Pinsels problemlos wasserdicht miteinander verkleben (→Zeichnung rechts). Auch werden Bahnen nach Angaben in jeder beliebigen Größe fertig verschweißt geliefert (Gartenbedarfsartikelgeschäft, Zoofachhandel). Preis etwa DM 8,– bis DM 24,– pro m², je nach Folienstärke und Fabrikat. Manche Folien werden mit einer speziellen Vliesunterlage geliefert, die die Wirkung zum Beispiel spitzer Steine mildern soll. Dies mag helfen, wenn Sie die Folie ohne Sandbett direkt in die ausgehobene Grube legen wollen. Wurzeln und Steine müssen Sie allerdings trotzdem vorher ausräumen. Kleben Sie die Bahnen selbst, können Sie im gleichen Arbeitsgang Überlauf oder Bach (→Seite 22 f.)

am Rand befestigen. Dabei müssen die Klebestellen mit einem ebenen Brett unterstützt und die Folie mittels einer harten Handrolle (Farbenhandel) angepreßt werden. Anschließend beschweren Sie diese Stelle mit einem Sandsack, den Sie immer wieder nachziehen. Über die Qualität dieser Naht brauchen Sie sich dann keine Gedanken mehr zu machen, denn die Folien werden durch das »Quellschweißmittel« chemisch zusammen»geschweißt«. Beim Verlegen auftretende Falten brauchen Sie nicht zu glätten. Sie beeinträchtigen die Haltbarkeit nicht.

Vorteil: leicht zu verarbeiten, rasche Fertigstellung.

Nachteil: Folie kann durch Unachtsamkeit durchlöchert werden und ist dann praktisch nur nach totaler Bloßlegung zu reparieren.

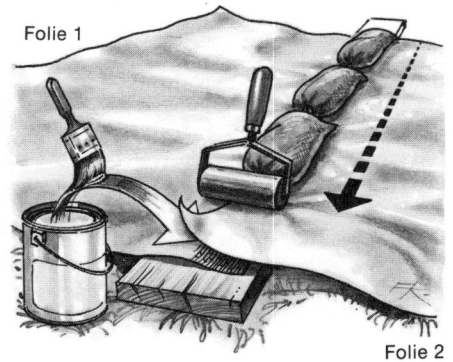

Folie 1

Folie 2

So werden Folienbahnen richtig miteinander »verschweißt«.

Polyäthylen

Ist ein *ungeeigneter* Kunststoff. Es sei lediglich betont, daß das Material, aus dem einfache Abdeckfolien und Einkaufstaschen (Plastiktüten) hergestellt werden, wegen seiner geringen Dicke leicht zu durchlöchern ist. Außerdem altert es rasch und wird spröde, vor allem unter Lichteinfluß. Selbst eine dicke Folie wird dann nach 1 bis 2 Jahren undicht.

Die Anlage des Teichs

Dachpappe (Teerpappe)

Sie bereiten den Bodengrund wie beim Folienweiher vor (→Seite 13) und verkleben die Dachpappenbahnen mit etwa 20 cm Überlappung mittels *heißem* Bitumen (kein »Kaltkleber«!, im Dachdeckerfachgeschäft erhältlich). Quer zur ersten Lage kleben Sie eine zweite, ebenfalls mit etwa 10 bis 20 cm Überstand, streichen das Ganze noch einmal kräftig mit heißem Bitumen ein und streuen es mit grobem Sand ab. Das gibt vor allem an steileren Hängen dem Boden Halt. Dachpappe niemals bei Lufttemperaturen unterhalb von 15° C verarbeiten, da sie sonst steif wird und bricht. Achtung! Auf lösungsmittelfreiem (!) Material bestehen, da sonst das Wasser durch sogenannte »Fluxöle« vergiftet wird.

Vorteil: billig und einfach in der Verarbeitung.
Nachteil: nicht so elastisch wie Folie.

Fertig geformte Kunststoffbecken

Es gibt fertige Teichbecken aus den unterschiedlichsten Kunststoffen von 100 l Inhalt (etwa DM 80,– bis 90,–) und bis über 6 m^3 fassende glasfaserverstärkte Polyesterbecken (etwa DM 3000,–). Oberhalb von etwa 2 m^3 Rauminhalt sind diese Becken jedoch meistens als Schwimmbecken, also rechteckig mit steil abfallenden, geraden oder abgestuften Wänden gebaut. Solche Becken sind eher für eine ausschließliche Bepflanzung mit Schwimmblattpflanzen (Seerosen) geeignet oder für die Haltung von Fischen, nicht jedoch für eine Uferbepflanzung und Besiedlung mit Amphibien. Während für kleinere Becken bis zu 2 m^3 Fassungsvermögen ein Sandbett (→Seite 20) ausreicht, sollten größere auf eine waagerechte, etwa 10 cm starke Magerbetonplatte gestellt und mit Magerbeton unter gleichzeitigem Einlassen von Wasser hinterfüllt werden (→Zeichnung Seite 20). Oft stellen die Lieferfirmen solcher Fertigbecken einen Richtmeister, der dafür sorgt, daß Sie keine Fehler machen. Im Grunde gelten für das Hinterfüllen mit Magerbeton dieselben Regeln, wie auf Seite 20 für die Sandfüllung beschrieben.

Vorteil: absolut dicht, sehr widerstandsfähig und »frostfest« (das heißt jedoch nicht frost*sicher*), kleinere Becken recht preisgünstig.
Nachteil: feste, oft rechteckige Form mit steilen Wänden.

Glasfaserverstärktes Polyester

Aus diesem Material, das Sie im Kunststoffoder Farbenhandel bekommen, lassen sich praktisch unzerstörbare Gartenteiche in jeder beliebigen Form herstellen. Der Unterbau kann aus trockenem Magerbeton (6 Teile grober Sand, 1 Teil Zement, 3 cm dick), trockenem Gips, Ton, (sehr teurem) in jeder Form zu modellierendem Polyurethanschaum (Kunststoff- oder Farbenhandel) oder fester, mit Bitumenpapier abgedeckter Erde bestehen. Während Sie aus Magerbeton flache Schalen mit Stufen herstellen können, gelingt aus Gips auch ohne Schalung eine Steilwand. Polyurethanschaum ist nach dem Aufschäumen und Erstarren (10 Minuten) sofort begehbar und zu bearbeiten (schnitzen, sägen, fräsen, kleben). Sie können daraus zum Beispiel Unterwasserklippen und Höhlen für schutzsuchende Tiere modellieren.

Natürlich können Sie auch alle oben genannten Unterbaumaterialien miteinander kombinieren. Wichtig ist nur, daß der Untergrund relativ glatt und trocken ist. Er hat nach Fertigstellung des Beckens keine Funktion mehr. Für die Auflage wählen Sie einen für Wassertanks geeigneten, ungiftigen Polyester und tragen ihn in drei Schichten nacheinander auf. Nach jedem Anstrich belegen Sie die Schicht deckend mit Glasfasermatten (kein »Vlies«), walzen alle Luftblasen mit einer Lammfellrolle (es darf auch Kunstfell sein) heraus, streichen erneut ein und so fort. Belegen Sie enge Vertiefungen mit kleinen Stücken, die Sie einzeln mit einem steifen Pinsel in das Harz drücken. So vermeiden Sie Hohlräume. Zum Abschluß streichen Sie eine Schicht mit paraffinhaltigem Polyester auf, der besonders wasserabweisend ist. Dafür sollten Sie eine dunkle Farbe wählen, da das Gewässer ohnehin rasch veralgt. Außerdem wirkt es von Anfang an natürlicher, wenn es Ihnen nicht türkisblau entgegenleuchtet. Zwischen dem Auftragen der einzelnen Schichten dürfen 1 bis 2 Tage, jedoch nicht mehr vergehen, damit noch eine innige Verbindung erzielt wird. Nach Fertigstellung sollte das Becken möglichst in praller Sonne 10 Tage lang aushärten, anschließend 14 Tage unter Wasser stehen, abgelassen und noch einmal ganz neu gefüllt werden. Auf diese Weise entfernen Sie eventuelle Reste von giftigen Lösungsmitteln.

Vorteil: praktisch unzerstörbar, relativ leicht als Ganzes wieder zu entfernen und gegebenenfalls neu zu verwenden; schnell betriebsfertig.

Nachteil: recht teuer; Polyester erstarrt nach dem Mischen der zwei Komponenten (Binder und Härter) etwa innerhalb von einer halben Stunde, erfordert also ein zügiges Arbeiten.

Beton

Sie bekommen ihn beim Bauunternehmer. Beton ist ebenso haltbar wie Kunststoff.
Sie schachten die Grube aus, entfernen alle hervortretenden Steine und Wurzeln, belegen den festgestampften Boden mit Baustahlmat-

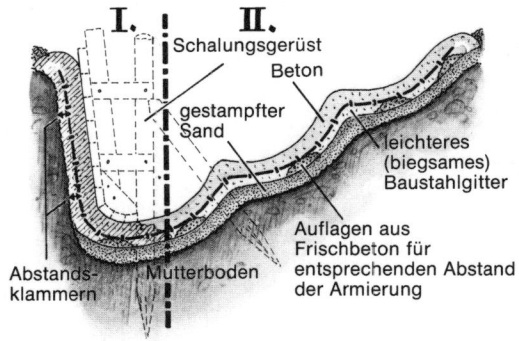

Betonteich mit Steilufer, das beim Aufbau verschalt werden muß.

ten, die Sie bis 5 cm unterhalb der geplanten Oberkante hochziehen und dort etwa 10 cm breit umfalten. Jetzt müssen Sie so viel Beton einbringen, daß das Armierungseisen ungefähr in der Mitte in einer etwa 15 cm dicken Betonschicht zu liegen kommt und festgestampft wird (Betonmischung aus grobem Sand und Zement 2:1).

Bei größeren Teichen können Sie auch Fertigbeton anfahren lassen, was das Arbeiten wesentlich erleichtert.

Wichtig: Unbedingt ein Dichtungsmittel, zum Beispiel »Ceresit«, nach Vorschrift zugeben; es macht den Beton wasserundurchlässig. Steile Uferpartien schalen Sie mit Holz ein, so daß der Beton zwischen Schalung und Erdreich – zum Beispiel mit einem Pflock – festgestampft werden kann. Der Beton bindet in 2 bis 3 Tagen ab. Schützen Sie ihn dabei vor starker Sonne und halten Sie ihn ständig feucht (Schattierungsmatte auflegen, besprühen). Nach 4 bis 5 Tagen können Sie die Verschalung entfernen.

Mit der oben erwähnten Zementmischung ist der Teich meistens auf Anhieb dicht. Lediglich bei der Verwendung von sehr grobem Kies (Körnung 2 bis 3 cm) können undichte Stellen entstehen, die verputzt werden müssen. Hierzu mischen Sie Zement und feinkörnigen Sand im Verhältnis 1:1 und bringen mit der Maurerkelle eine 3 bis 5 cm dicke Schicht auf, die Sie ebenfalls 2 bis 3 Tage lang feucht halten. Andere undichte Stellen oder eventuell auftretende Haarrisse lassen sich durch das Einpinseln mit einer dick angerührten Mischung aus reinem Zement und Wasser beheben. Auf die noch nasse Stelle streuen Sie reinen Zement. Da diese Abdichtungsschichten dünn sind, müssen Sie ein schnelles Trocknen verhindern. Berieseln verbietet sich von selbst, denn die Schicht würde leicht abgewaschen. Suchen Sie sich deshalb für diese Ausbesserungsarbeiten einen kühlen, bedeckten Tag aus oder verlegen Sie sie auf den Abend.

Vorteil: sehr solider, gut zu gestaltender Teich, mit flachen Ufern praktisch unzerstörbar.

Tiere am und im Gartenteich. ▷
Oben: Rotkehlchen beim Baden; Geburtshelferkröte
mit Eischnüren; Mitte: Gelbbauchunke; Teichfrosch
beim Laichkonzert; unten: Grasfrösche mit Laichballen; Ringelnatter.

Nachteil: Erstellung nur mit handwerklichem Geschick auf Dauer erfolgversprechend; nur mit dem Preßlufthammer zu beseitigen.

Zur Übung: Die Anlage einer Vogeltränke

Bevor Sie mit dem Aushub und den Anschaffungen beginnen, empfehle ich Ihnen, aus dem für den Naturteich gewählten Material eine Vogeltränke, das heißt einen »Miniteich«, als Übungsstück anzufertigen. Die Erfahrungen kommen Ihnen bei der Anlage des »großen« Teichs zugute.

Die Vogeltränke ist einfach herzustellen, da sich sowohl die Erdbewegungsarbeiten als auch der Materialaufwand in Grenzen halten. Wählen Sie die Lage der Tränke so, daß gut 3 m möglichst »kahler Rasen« im Umkreis frei bleiben oder schaffen Sie sonst ein für Vögel übersichtliches Gelände (zum Beispiel Steingarten). Zu leicht werden sie sonst Opfer von sich anschleichenden Katzen, die sie beim Baden und Trinken nicht sehen können. Ein schattenspendender Baum über der Tränke gewährt ihnen Rückzugsmöglichkeiten, ist auch Beobachtungsplatz und verhindert, daß die Tränke zu schnell veralgt und immer wieder von schlüpfrigem Belag befreit werden muß.

Die optimale Tiefe liegt bei etwa 3 bis 5 cm. Vermeiden Sie zu steil abfallende Seitenwände. Je flacher die Neigung, um so sicherer für die Vögel. Empfohlenes Gefälle: maximal 1 cm Tiefe auf 10 cm Länge.

Wenn Sie allmählich verlaufend mit dem Boden auf die Tiefe zugehen, stehen auch kleinere Singvögel nicht gleich bis zum Hals im Wasser.

Den Boden der Tränke können Sie, je nach dem für Ihren Naturteich gewählten Material, sowohl aus Folie als auch aus glasfaserverstärktem Polyester oder Beton herstellen. Polyester und Folie verarbeiten Sie, wie auf Seite 13 und 14 beschrieben. Beton braucht in diesem Fall keine Armierung (Stahlstab-Einlage), auch können die Schichten recht dünn sein: 5 cm

Zement-Kies-Gemisch im Verhältnis 1:2 (!) als Grundlage, darauf etwa 5 cm einer 1:1-Mischung aus Sand und Zement, die abschließend mit reinem Zementpulver »abgestreut« wird. Die Form können Sie nach eigenem Gutdünken völlig frei modellieren. Bedenken Sie aber bitte, daß die Ränder von Betonbecken später gute 2 cm über den Wasserspiegel hinausragen sollten. Sie können sie am Ufer mit Steinplatten oder Kieseln kaschieren. Laufen sie nämlich zu flach aus, so saugt hineinwachsendes Gras und sich ansammelnde Erde das Wasser aus der Schale und die Umgebung versumpft. Sie erleichtern den Vögeln den Stand im Wasser, wenn Sie in die oberste Zementschicht Splitt einstreuen und festdrücken, so daß keine Spitzen mehr nach oben stehen. Legen Sie zum Schluß eine kleine, mit Kies gefüllte Grube am Rand der Tränke an, in die Sie altes Wasser – mit einem Besen – schieben können, wo dieses dann versickert. Im Winter leeren Sie die Tränke mit Rücksicht auf die Gesundheit der Vögel vollkommen aus.

Die Erdarbeiten

Für das Ausheben des Erdreichs können Sie zwar selbst mit der Schaufel zu Werke gehen, doch empfiehlt sich bei größeren Teichen der Einsatz einer Planierraupe. Erkundigen Sie sich bei einer Baufirma nach den Bedingungen. Vielleicht gibt es in Ihrer Nähe auch eine Baustelle, wo Sie Rat und Hilfe erwarten können. In diesem Fall vermindern sich die Kosten durch den kurzen Anfahrtsweg.

Wenn Sie Ihren Teich mit Folie oder Beton abdichten wollen, müssen Sie die Grube wegen der später wieder aufzutragenden Schichten (Unterbau, Betonschale, Bodengrund) entsprechend tiefer und weiter ausschachten. Legen Sie flache Ufer an, damit die im Winter sich ausdehnende Eisdecke am Ufer emporgleiten kann, statt die Wand zu sprengen. Außerdem können von allen Ufern, die steiler als 30° (etwa 1 m Gefälle auf 2 m Länge) abfallen, zu-

◁ Das alternative Modell: eine Hälfte Spielrasen, die andere Naturgarten mit Naturteich.

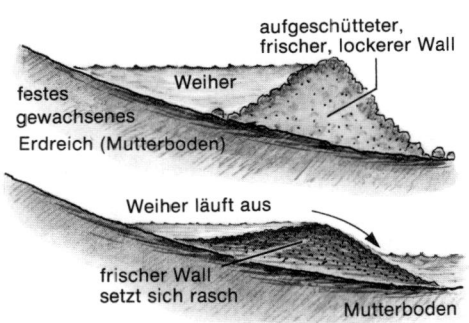

festes gewachsenes Erdreich (Mutterboden)

aufgeschütteter, frischer, lockerer Wall

Weiher

Weiher läuft aus

frischer Wall setzt sich rasch

Mutterboden

Falsch! Die aufgeschütteten Wälle »setzen« sich und der am Hang liegende Teich läuft aus.

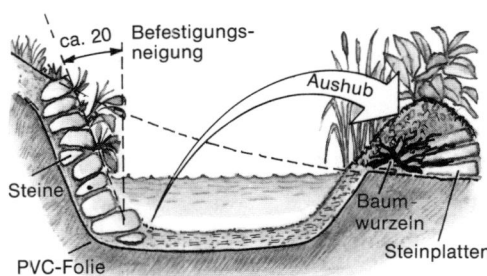

ca. 20 Befestigungsneigung

Aushub

Steine

Baumwurzeln

Steinplatten

PVC-Folie

Richtig! Der Hang ist so weit aufgegraben, daß das Gewicht des Wassers auf dem natürlich gewachsenen Mutterboden ruht.

mindest anfangs auch die Erd- oder Lehmschüttungen abrutschen (später werden sie meist von Wurzelwerk gehalten).
Sie können entsprechend der empfohlenen Pflanztiefe für die Gewächse Terrassen einplanen. Außerdem wirken diese Schwellen als Bremse gegen das Abrutschen steilerer Hänge. Möglich ist auch die Kombination flacher Ufer mit einem Steilufer, das meistens durch den Anstich eines Hanges entsteht, wenn dieses

nicht mehr als ein Drittel des Teichumfanges einnimmt (→Zeichnung links). Der Eisdruck kann sich dann kaum schädlich auswirken. Oberstes Ziel beim Bau eines künstlich abgedichteten Naturteichs ist ein ringsum absolut waagerechter Rand, sonst läuft das Wasser wie aus einem schräggestellten Suppenteller aus. Sie erreichen ihn mit Hilfe eines Brettes und einer Wasserwaage, indem Sie Pflöcke rings um den Teichrand einrammen, so daß deren Oberkanten alle dieselbe Höhe zeigen. Auch mit einer Schlauchwaage können Sie die Waagerechte über größere Entfernungen bestimmen: Sie versehen einen mit Wasser gefüllten Gartenschlauch an den Enden mit je einem Klarsichtrohr, zum Beispiel einer beschnittenen Einwegspritze. Der Wasserspiegel muß in beiden Schlauchenden dieselbe Höhe haben! (→Zeichnung).

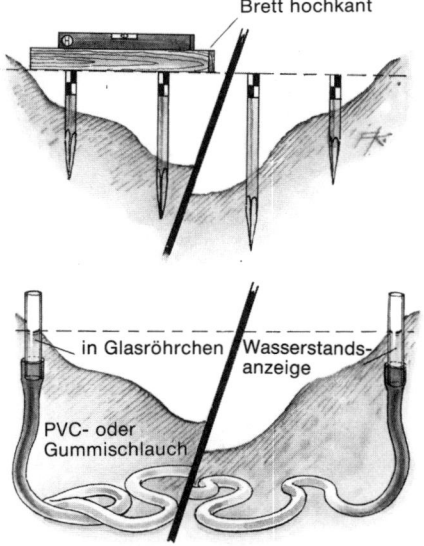

Brett hochkant

in Glasröhrchen

Wasserstandsanzeige

PVC- oder Gummischlauch

Der Rand des Teichs muß »in Waage« liegen; Wasserwaage (oben) oder Schlauchwaage (unten) sind dabei unentbehrlich.

Die Anlage des Teichs

Doch es genügt nicht, daß der Rand des Teiches am Anfang waagerecht ist – er muß es auch bleiben! Der Inhalt eines Wasserbeckens von 1000 l wiegt bereits 1 t. Ist der Untergrund weich, also nicht sorgfältig verdichtet, kann das Becken sich einseitig »setzen«. Auch bei frisch aufgeschütteten Wällen am Hang kann es zu solchen Veränderungen kommen, so daß auch mit Folie abgedichtete Teiche unter Umständen auslaufen. Daher ist es wichtig, den Boden der Grube mit Sand aufzufüllen und so fest zu stampfen, daß nachträgliche Setzungen unwahrscheinlich werden. Naturteiche am Hang legen Sie nach dem auf der Zeichnung Seite 19 angegebenen Schema an, damit sie auf unnachgiebigem Untergrund stehen.

Vermeiden Sie auch nachträgliche Verformungen des Untergrundes. Ein Folienteich paßt sich geschmeidig vielen Veränderungen des Bodens an, ein festes Becken jedoch nicht. Daher müssen Kunststoffbecken gleichmäßig mit festgestampftem Sand umgeben werden, sonst kommt es zu Ausbuchtungen, die eine unvorhergesehene Verformung des gesamten Teichs nach sich ziehen. Bemessen Sie den Durchmesser der Grube 15 bis 20 cm größer als die Kunststoffschale und füllen Sie die

Kluft Zentimeter für Zentimeter mit Sand, den Sie mit einem Brett *leicht* feststampfen. Wenn Sie zu stark pressen, verformt sich die Beckenwand nach innen. Sie können das etwas ausgleichen, indem Sie im gleichen Maße wie Sie außen Sand auffüllen, innen den Wasserspiegel steigen lassen. Mit etwas Gefühl können Sie auf diese Weise das Becken ohne Probleme einsetzen. Sie können den Sand auch mit Wasser einschwemmen, sofern der gewachsene Boden relativ wasserdurchlässig ist. (Lehmboden zum Beispiel würde das Spülwasser zu langsam versickern lassen.) Wichtig ist auch hier, daß Sie etappenweise vorgehen und den Wasserstand in der Grube nicht über den in der Wanne steigen lassen, sonst schwimmt die Schale wie ein Boot, und alle Arbeit war umsonst. Schwemmen Sie also den Sand über einen Zeitraum von mehreren Tagen ein, damit das Spülwasser immer wieder versickern kann. Etwas schwierig ist das Eingraben von festen, terrassenförmig gestalteten Fertigteichen. Hier werden die einzelnen Stufen so nacheinander »versenkt«, daß Sie zunächst den tiefsten Wannenteil eingraben, anschließend die dann aufliegende zweite Stufe umreißen und die Grube entsprechend vertiefen (→Zeichnung). Es ist

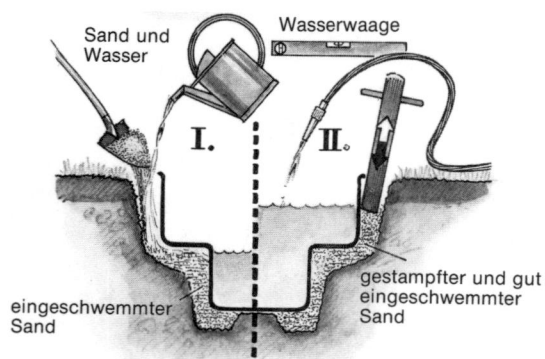

Das Hinterfüllen von Fertigteichen mittels Einschwemmen (I) und/oder Feststampfen (II) von Sand. Der Teich wird gleichzeitig mit Wasser gefüllt.

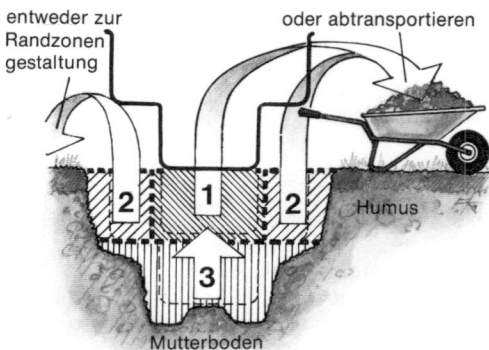

Fertigteiche mit Stufen werden schrittweise eingegraben, wobei zu beachten ist, daß der Aushub für die anschließende Sandhinterfüllung größer sein muß.

wichtig, die Gruben für »Fertigteiche« wegen der Sandschicht 10 bis 15 cm tiefer auszuheben als das Becken hoch ist.

Teiche mit Lehmboden oder Folienabdichtung sind durch Wurzeln und Mäuse bedroht. Der ersten Gefahr begegnen Sie durch etwa 20 cm tiefgreifende Beseitigung aller in Richtung Folie zielender Wurzeln aus der Baugrube und durch Verwendung einer *wurzelfesten* Teichfolie. (Beim Kauf ausdrücklich verlangen!) Auch die Verdichtung von 10 cm Schotter (oder »Mineralbeton«, Straßenbau) wirkt den bohrenden Wurzeln etwas entgegen, verhindert jedoch die Gefahr nicht ganz. Vor allem Teiche mit Tonboden sind in dieser Hinsicht gefährdet.

Gegen Mäuse hilft ein engmaschiges Drahtgitter (1 bis 1,2 cm Maschenweite), das Sie bis 50 cm Tiefe ringförmig um den Teich verlegen. Verdichteter Schotter oder »Mineralbeton« haben die gleiche Wirkung. Auf der Schotter- beziehungsweise Drahtlage breiten Sie eine etwa 7 bis 10 cm dicke Schicht Sand aus und stampfen diese fest. Sie glättet alle Unebenheiten; bohrende Steine, Hölzer oder Schrotteile werden auf diese Weise abgedeckt. Die Folie ist jetzt gegen Zerstörung von außen weitgehend gesichert (Berechnung der erforderlichen Sandmenge →Seite 25 f.).

Um ein eventuelles Leck zu finden, lassen Sie den Wasserspiegel so lange absinken, bis er nicht weiter fällt. Auf dieser Höhe liegt dann das Loch. Füllen Sie wieder einige Zentimeter Wasser auf und gießen Sie vorsichtig einen Eimer Lehmwasser in die Mitte des Teiches. Wenn Sie Glück haben und das Wasser rasch genug durch das Leck abläuft, zieht sich eine »Fahne« von der trüben Mitte in Richtung auf das Loch. Dort müssen Sie suchen und den Schaden beheben.

Die Gestaltung der Ränder

Welches Material Sie auch für die Abdichtung verwenden – an den Rändern tritt es zutage. Außer bei Teichen mit natürlichem »Dich-

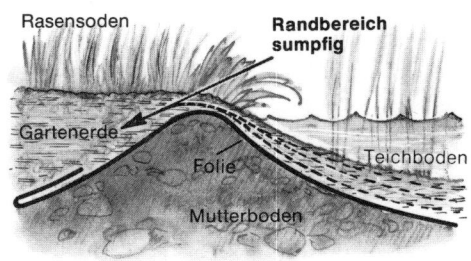

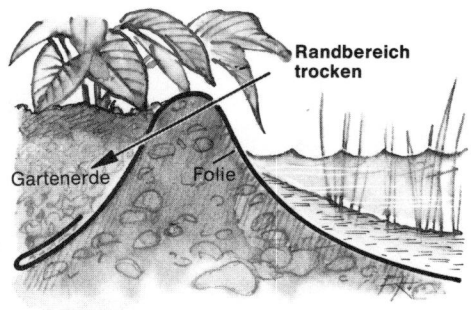

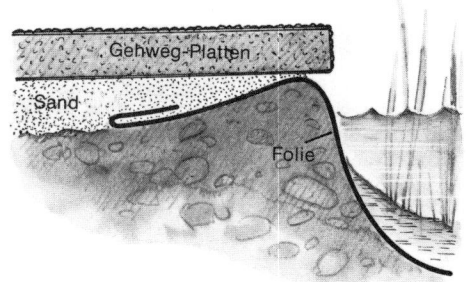

Drei Arten der Randgestaltung: Teichkante mit verdeckter Folie (oben); Teichkante mit sichtbarer, aufgewölbter Folie (Mitte); Teichkante mit Gehwegplatten – diese sollten nicht direkt auf der Folie liegen (unten).

21

tungsmittel« (Ton), das sich in den umgebenden Mutterboden nahtlos ausstreichen läßt, müssen Sie nach Fertigstellung des Beckens empfindliche (Folien-) oder unschöne (Kunststoff-, Beton-) Ränder verdecken.

Beim Naturteich ist es kein Problem – Sie überschichten die Ränder mit Erde, wobei Sie die Folie mit leichtem Außengefälle im umgebenden Gartenboden vergraben (→Zeichnung Seite 21).

Ist der Teich von Rasen umgeben, stechen Sie Rasensoden etwa 7 cm tief so aus, daß sich Folie- oder Kunststoffrand darunterschieben lassen. Betonkanten oder stark begangene Ränder aller Art überschichten Sie mit 5 cm Sand

Bei Teichen mit Steilufern können Sie kleine Säugetiere mittels einer dicken (!) Wurzel oder eines Steigbrettes, die tief ins Wasser hineinragen müssen, vor dem Ertrinken bewahren. Dicht am Rand des Teichs (nicht zur Gewässermitte hin) montieren.

und decken sie mit Platten ab. Vermeiden Sie dabei unbedingt, daß der Rand über das Uferniveau hinausragt, da sonst Amphibien und ins Wasser gefallene Säugetiere (zum Beispiel Mäuse und Igel) das Gewässer nicht mehr verlassen können. Vor allem an Steilkanten der »Fertigteiche« sind entsprechende Ausstiege anzubringen (→Zeichnung oben).

Wichtig: Bei allen Teicharten sollten Sie darauf achten, daß der äußere Teichrand ein Gefälle zum Garten hin aufweist, damit möglichst wenig von der umgebenden Erde in das Wasser eingeschwemmt werden kann.

Vorrichtungen für überschüssiges Wasser

Wenn Sie die Abdichtung fertiggestellt haben, empfiehlt es sich, probeweise Wasser einzulassen, um eventuelle Fehler noch vor der Bepflanzung und Besiedlung zu entdecken (→Seite 38). Das Wasser muß gelegentlich abgelassen werden. Auch kann es bei einem kräftigen Landregen über die Ufer treten und sollte dann in gelenkten Bahnen versickern.

Sie müssen also gleich zu Anfang eine entsprechende Vorrichtung mit einplanen, wenn Sie verhindern wollen, daß sich das überschüssige Wasser auf Ihr Kellerfenster zubewegt. Am besten eignet sich dafür ein *Überlauf* mit anschließendem Bachlauf und Sickergrube. Den *Ablauf* im Boden des Teichs stelle ich mit all seinen Nachteilen nur vor, um Ihnen von vornherein davon abzuraten. Zur Pflege des Teichs gehört außerdem das gezielte Absaugen des Schlammes. Sie erfahren mehr darüber im Kapitel »Pflege und Erhaltung«, Seite 59 ff.

Der Überlauf

Wählen Sie eine geeignete Stelle am Rand und vertiefen Sie diese schon während des Aufbaues über etwa 20 cm um ½ bis 1 cm. Eine Kunststoffwand sägen Sie entsprechend aus. Dann leiten Sie das überlaufende Wasser durch eine Rinne, die Sie fest anschließen, da das abfließende Wasser sonst Hohlräume zwischen Teichwand und Erdreich spülen kann. Folienrinnen lassen sich mit »Quellschweißmitteln« ankleben, Rinnen aus glasfaserverstärktem Polyester werden »anlaminiert« (Autozubehör- oder Bootsbauhandel). An Betonränder können nen Sie Rinnen ohne Probleme anzementieren. Das Wasser wird dann mit einem geeigneten Gefälle (etwa 2 bis 3 cm pro m) in Form eines Baches durch den Garten geleitet oder direkt neben dem Teich zum Versickern gebracht. Eine Grube von 1 m³ Inhalt, angefüllt mit möglichst dicken Steinen, reicht aus, um auch größere Regenfluten aufzunehmen. Legen Sie die Grube möglichst weit entfernt vom Haus an,

damit die Fundamente, das heißt Ihre Keller-
wände, nicht von der vermehrt anfallenden
Nässe geschädigt werden.

Einen Bachlauf können Sie bei allen oben genannten Teicharten anlegen. Gehen Sie davon
aus, daß der Bach nicht ständig Wasser führt,
sondern die eingefüllte Erde nur außergewöhn-
lich feucht bleibt. Stellenweise Vertiefungen
können immerhin als kleine Wasserreservoire
(zum Beispiel Vogeltränke) dienen. Heben Sie
die Rinne jedoch nicht zu flach aus! Durch
Auffüllen mit Erde (= »Teichboden«), Steinen
und Pflanzen ist sie schnell wieder zugeschüt-
tet. Zu empfehlen sind bei Bepflanzung 40 bis
50 cm, ohne Bepflanzung 25 bis 30 cm Tiefe.

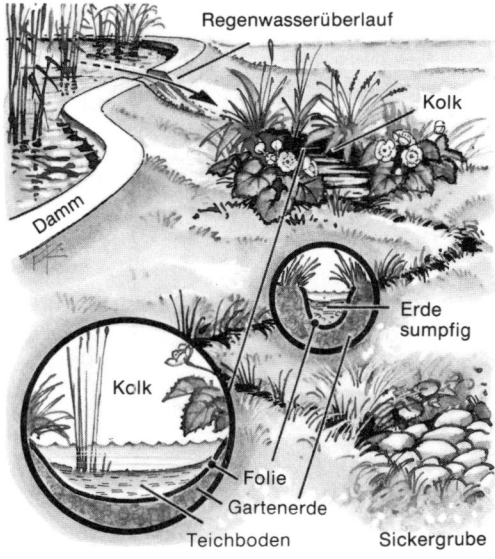

Hier wird der Überlauf des Teiches als dekoratives
Rinnsal durch den Garten geführt und in eine Sickergrube geleitet.

Der Ablauf

Von einer derartigen Vorrichtung im Boden
des Teichs möchte ich Ihnen aus folgenden
Gründen abraten: Bei Tiefen über 40 cm läßt
sich ein Ablauf nur schwer kontrollieren. Er
saugt gnadenlos an, was in seine Nähe kommt
(Fische, Amphibien) und läßt es auf Nimmer-
wiedersehen im Kanal oder in der Sickergrube
verschwinden.

Auch bei Abflußrohrdurchmessern von über
7 cm kann es durch eingesogenes Laub und
Pflanzenteile zu Verstopfungen kommen, die
sich nur mühsam (bei gefülltem Teich oft gar
nicht) beheben lassen. Jeder Durchbruch durch
die künstliche Abdichtung kann ein Leck be-
wirken, das unter Umständen erst nach einigen
Jahren in Erscheinung tritt, wenn durch das
Ziehen am Verschlußstopfen oder unterschied-
liche Ausdehnung bei Temperaturschwankun-
gen undichte Stellen entstehen. Zwar läßt sich
alles nachträglich kleben und dichten, jedoch
muß hierzu die Klebestelle sauber und trocken
sein. Beim Neubau lassen sich diese Forderun-
gen noch verwirklichen. Ein schon eingefahre-
ner Naturteich muß jedoch ausgeräumt werden
und mehrere Tage abtrocknen, ehe sich eine
solche Fehlstelle fachgerecht reparieren läßt.

Große Teiche mit mehr als 10 m³ Fassungsvermögen können mit Hilfe eines Schachtes und
eines »Schiebers« entwässert werden. Das hat
zumindest noch den Vorteil, daß ablaufendes
Wasser auf mitgerissene Tiere kontrolliert beziehungsweise die Ansaugöffnung durch einen
Gitterkorb gesichert werden kann. Mit dem
Bau sollten Sie allerdings eine Fachfirma (Ka-
nalbau, Installation) beauftragen.

Einfache Abläufe mit Stopfen können allenfalls
für Tiefen verwendet werden, die noch direkt
mit der Hand zu erreichen sind. Auch wer
noch nicht versucht hat, einen festsitzenden
Metallkonus oder Holzstopfen mit Hilfe eines
langen Hakens oder eines Drahtseiles und Fla-
schenzuges in trüben Tiefen ohne Sichtkontakt
aus dem Lager zu reißen, wird sich vorstellen
können, daß so etwas schweißtreibend wirken
kann.

Die Bepflanzung des Naturteichs

Das Umland

Unsere heimische Tierwelt hat über einige Hunderttausende von Jahren eine Anpassung an die Pflanzen ihrer Umgebung erfahren. Sie ernährt sich von ihnen und benötigt sie zur Fortpflanzung. Nehmen Sie ihr diese Lebensgrundlage und ersetzen sie durch außereuropäische, exotische Gewächse, so verhungern die Tiere buchstäblich auf dem ungewohnten Grün. Deshalb sollten Sie ausschließlich einheimische Gewächse ansiedeln. Sie ziehen auch zahllose Insekten an, die Nahrung für Amphibien, Fische und Vögel sind, oder die Sie selbst gerne beobachten.

Bedenken Sie, daß moderndes Pflanzenmaterial für das Leben um Ihren Naturteich ebenso wichtig ist wie frisches. Lassen Sie also Ausgeräumtes oder Geschnittenes in unmittelbarer Nähe des Gewässers auf einem oder mehreren Haufen verteilt liegen. Tote Baumstubben, Zweige, Äste, Gräser und Laub dürfen Sie ruhig aufeinandertürmen. Sie werden ein reiches Insektenleben, das zu einer ausgewogenen Lebensgemeinschaft im Garten einmal gehört, geradezu anziehen. Gleichzeitig dienen derartige Hügel auch zahlreichen Amphibien und Echsen im Winter als Unterschlupf. Die gleiche Aufgabe erfüllen auch lückenreiche Steinhaufen, Trockenmauern mit vielen Spalten (→Zeichnung Seite 19), Holzstapel, halbvergrabene Baumwurzeln und -stämme, die an ihrer Unterseite zwischen Rinde und Erdreich nur locker geschüttete Erde bergen. Hier wie auch unter übereinandergeschichteten Grassoden graben sich Amphibien gern zur Winterruhe ein.

Sie können so ein wahres Märchenland schaffen, wie es ein Kind noch vor 20 bis 30 Jahren auf jeder zweiten durchsonnten Wiese, auf jedem Brachland gleich hinter dem Haus antraf. Heute sind solche Paradiese leider fast völlig ausgeräumt, »weggepflegt«. Sie haben hier eine große Chance, zumindest auf Ihrem eigenen Grund und Boden, ein Stück unverfälschter Natur wiedererstehen zu lassen und so lange zu bewahren, bis eines Tages naturgemäßes Denken und Handeln wieder Allgemeingut geworden sind (→auch Literaturangaben zum Naturgarten, Seite 69).

Wo bekommen Sie Pflanzen?

Es hieße in der Regel wohl die Geduld auch des Geduldigsten zu strapazieren, wenn Sie darauf warten wollten, bis sich im und um den Naturteich Pflanzen von selbst ansiedeln. Also werden Sie nachhelfen:
- durch Sammeln von Samen und Ausbringen im Spülsaum (Grenze Wasser-Land) des Teichs;
- durch Sammeln von Pflanzen, deren Standort in der Natur mit dem geplanten im Gartenteich vergleichbar ist, und zwar in bezug auf Wassertemperatur, Wasserstand und -qualität (Trübung), Bodenbeschaffenheit, wie Schlamm oder Sand, sowie Besonnung; rechtliche Voraussetzungen dazu finden Sie auf Seite 25;
- durch Erwerb von Pflanzen von anderen Teichbesitzern oder Wasserpflanzenzüchtereien (→Seite 70).

Viele Arten, vor allem die stark bedrohten und seltenen, sind bei Spezialzüchtereien zu beziehen. Von zahlreichen einheimischen Arten gibt es auch Zuchtformen, die meistens stärker blü-

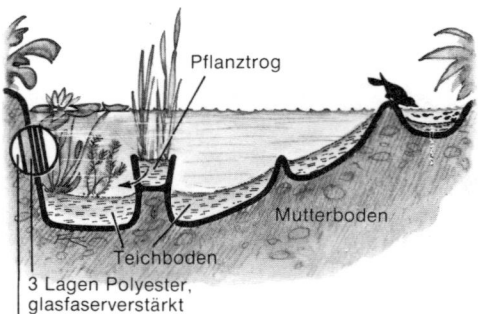

Polyesterteich mit Steilufer auf der einen und Bodenschwellen auf der anderen Seite. In der Mitte ein Pflanztrog mit Bodenabfluß (Pfeil).

Die Bepflanzung des Naturteichs

hen, jedoch in der Regel keine Samen mehr ausstreuen und empfindlicher gegen Schädlinge und schwankende Milieubedingungen sind. Pflanzen in der Natur zu sammeln, ist kein Problem, solange diese nicht als geschützt oder bedroht gekennzeichnet sind. Jedoch tun Sie der Natur und allen Naturfreunden einen Gefallen, wenn Sie nur solche Pflanzen ausgraben, die am Standort reichlich vorhanden sind. Besser ist es, wenn Sie Samen sammeln, wobei die in den Pflanzenbeschreibungen (→Seite 29 ff.) angegebenen Blütezeiten eine Hilfe sind, denn im Anschluß daran beginnen die Samen zu reifen.

Um eine willkürliche Streuung am Ufer des Teichs zu vermeiden, graben Sie Töpfe am Ufer ein und ziehen darin Jungpflanzen an. Es werden nur diejenigen Pflanzen gut heranwachsen, denen Standort und Wasserqualität auch zusagen. Sie ersparen sich so unnötige Arbeit und Enttäuschungen, denn eine während des Sommers im ungünstigen Milieu kümmernde Pflanze geht sicherlich im Winter ein und bleibt im nächsten Frühjahr aus.

Bei besonders geschützten Pflanzen ist jedoch jegliche Entnahme – auch die von Samen – aus der Natur verboten.

Allerdings gestaltet sich oft die Suche nach der zuständigen Behörde, die Auskunft über im Bundesland geschützte Pflanzen und Tiere gibt, aber auch im Einzelfall Sammel- beziehungsweise Fanggenehmigungen erteilen kann, recht schwierig. Zuständig hierfür sind der Oberkreisdirektor, das Landratsamt oder »die Behörde« innerhalb der kreisfreien Städte. »Die Behörde« kann bedeuten: das Ordnungsamt, Gartenamt, Forstamt. Werden Sie im Telefonbuch unter diesen Rubriken nicht fündig – was gar nicht so selten vorkommt –, so hilft ein kurzer Anruf bei der Polizei. Dort weiß man in der Regel, wer in erreichbarer Nähe zuständig »zeichnet«.

Der Boden

Bei Teichen mit natürlichem Grund haben Sie mit der Zusammensetzung des Bodens keine Sorgen. Hier gedeihen »standortgemäße« Pflanzen ohnehin in unmittelbarer Umgebung. Auf extreme Gewässer spezialisierte Pflanzen sind auf Dauer auch nur an dieser Art von Teichen befriedigend zu pflegen.

In den weitaus meisten Fällen jedoch müssen Sie den Teich künstlich abdichten und deswegen den Boden selbst mischen und einbringen. Das Material dafür mischen Sie aus $1/3$ Rohboden (Teichaushub), $1/3$ Lehmerde, $1/3$ ausgereiftem Humus (roher Humus vom Komposthaufen fault im Wasser!). Dieser Untergrund ist von Anfang an sehr nährstoffreich, was die Bildung von Algenblüten allerdings begünstigen kann. Doch andererseits wachsen die Pflanzen gleich kraftvoll an.

Die folgende, magere Mischung ist meiner Meinung nach jedoch vorteilhafter: 50 % Rohboden (Teichaushub), 40 % Lehmboden, 10 % alte Komposterde. Wer nicht genug eigene Gartenerde bereitstellen kann, sei diese zu lehmig oder künstlich gedüngt oder sonst ungeeignet, der mische sich: 70 % Flußsand, Körnung bis zu 2 mm, 30 % Lehmboden. Dieser Untergrund reichert sich mit der Zeit von selbst mit Nährstoffen an (→auch Kiesgrube Seite 7 ff.). Die Schicht sollte in jedem Fall 20 bis 30 cm dick sein. Zur Ermittlung der Menge des benötigten Bodenmaterials messen Sie den Durchmesser des Teichbodens mit einer *locker* über den Boden verlaufenden Schnur. Halbieren Sie den Durchmesser, so erhalten Sie den Radius, den Sie mit sich selbst multiplizieren. Anschließend multiplizieren Sie das Ergebnis mit 3 (Bodenfläche = $3r^2$). Nun kennen Sie etwa die Grundfläche des Teiches. Diese multiplizieren Sie mit der erforderlichen Schüttstärke des Bodens (30 cm entsprechen etwa 25 cm *verdichteten* Teichbodens, da dieser sich mit der Zeit von selbst setzt).

Beispiel: Durchmesser = 4 m; Radius = 2 m;
30 cm Bodenschüttung.
$2 \times 2 \times 3 = 12$ (m² Grundfläche)
$12 \times 0,3 = 3,6$ m³ Bodenmaterial für den
Teichboden.
Wenn Sie sich Arbeit und Ärger sparen wollen, verzichten Sie auf jeden Fall von vornherein darauf, spezielle Gewässertypen imitieren zu wollen, indem Sie zum Beispiel Torf unter die Erde mischen. Der Effekt hält nur so lange vor, bis der Torf ausgelaugt ist.

Die Setzlinge

Bepflanzen Sie den Teich in keinem Fall zu dicht, besonders wenn er nicht gerade groß ist. Zu dicht gesetzte Pflanzen müssen Sie bereits auslichten, noch ehe sie richtig Fuß gefaßt haben. Auch zu viele verschiedene Arten schaden dem optischen Eindruck. Den Gesetzen des Naturteichs gemäß handeln Sie, wenn Sie Setzlinge lediglich in den *Zentren* der geplanten Pflanzzonen einbringen. Pflanzabstand: 25 bis 30 cm. Alles andere regeln die Pflanzen unter sich – wie etwa Ausbreitungsrichtung und -geschwindigkeit oder die Vorherrschaft einzelner Arten.
Lassen Sie vor dem Einsetzen von Wasser- oder Sumpfpflanzensetzlingen das Wasser ab. Dann stutzen Sie allzulange Wurzeln, so daß ein rundlicher Ballen entsteht. Auch die Seitenwurzeln größerer Knollen oder Stöcke müssen gekappt werden, vor allem wenn sie beschädigt oder geknickt sind. Dazu nehmen Sie ein scharfes Messer, das eine glatte Schnittfläche hinterläßt. Eine Gartenschere quetscht die Wurzeln und leitet einen Gewebezerfall ein, der schnell in Fäulnis übergehen kann. Angefaulte Stellen an Knollen und Wurzelstöcken schneiden Sie ebenfalls sauber heraus und streuen Aktiv- oder Holzkohlepuder darüber, um Fäulnisprozesse zu hemmen.
Legen Sie die Wurzeln, Knollen und Wurzelstöcke in ihrer natürlichen Lage ins Erdreich. Das bedeutet: Triebansätze nach oben. Wur-

zelstöcke von Teich- und Seerosen waagerecht ins Erdreich betten. Das Ganze decken Sie mit einer dünnen Schicht Erde und anschließend mit einer wenige Zentimeter dicken Schicht grobem Kies ab, um es zu beschweren. Unverwurzelt haben die Pflanzenteile nämlich einen mehr oder weniger starken Auftrieb, der die Wurzeln dorthin befördert, wo Sie später eigentlich die Blätter erwarten – an die Wasseroberfläche. Mit der Zeit verankern sich die Setzlinge allerdings so fest im Erdreich, daß Sie beim Auslichten Mühe haben werden. Unterwasserpflanzen drücken Sie am besten und leichtesten in den Boden, wenn dieser 10 bis 20 cm unter Wasser steht, auch wenn Sie das restliche Wasser erst später einfüllen. Zu leicht können Ihnen die zarten Pflanzen sonst vertrocknen.

Die beste Pflanzzeit

Landpflanzen im Randbereich setzen Sie wie alle anderen Gartenpflanzen auch am günstigsten im Spätherbst oder zeitigen Frühjahr, Sumpf- und Wasserpflanzen im späteren Frühjahr mit Beginn des Austreibens. Warmes Wasser begünstigt die Sproß- und Wurzelbildung; bleibt es bis weit ins späte Frühjahr relativ kalt, kann dieser Vorgang entsprechend verzögert werden. Sie können die Gewächse auch unbeschadet erst im Sommer pflanzen, falls die Vorbereitungsarbeiten einen früheren Termin nicht zulassen. Dann wird das Grün in der ersten, kürzeren Wuchsperiode nicht ganz so üppig ausfallen.

Die Standorte der Pflanzen

Wir unterscheiden grob drei verschiedene Standorte oder Lebensräume am und im Teich. Ihnen entspricht auch die Einteilung der auf Seite 29 beginnenden Beschreibungen von geeigneten Pflanzen.

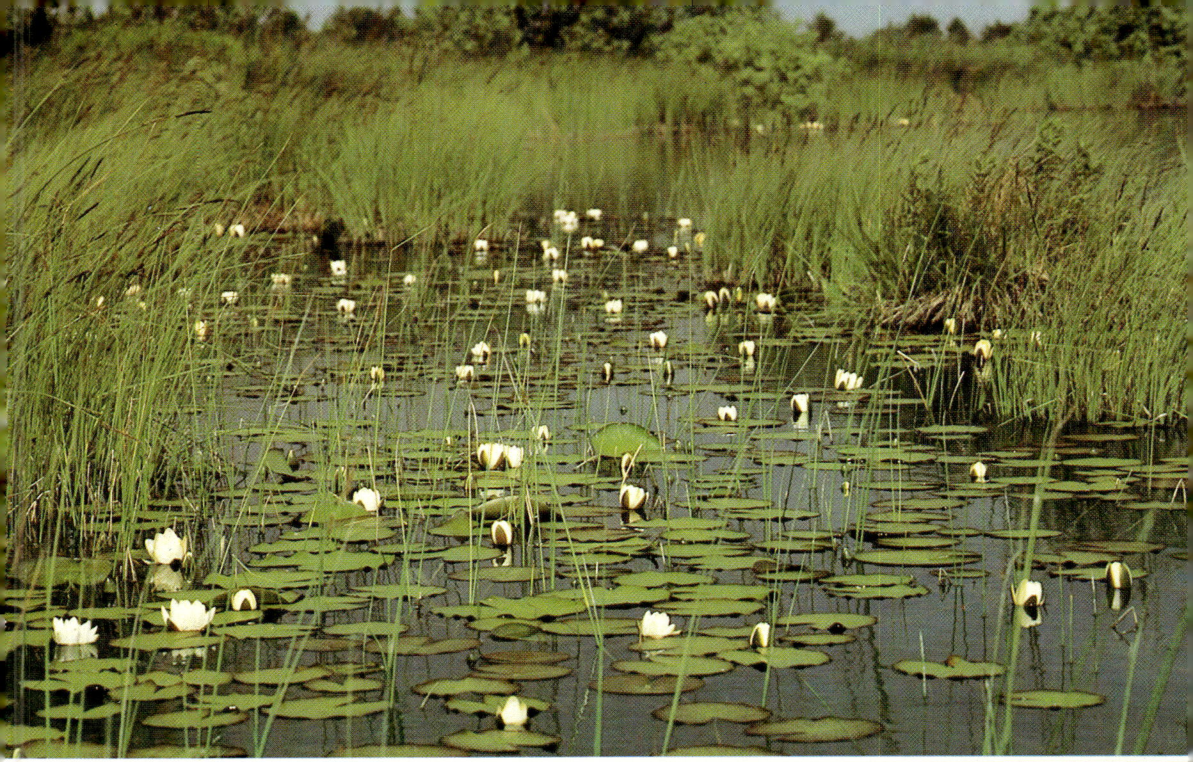

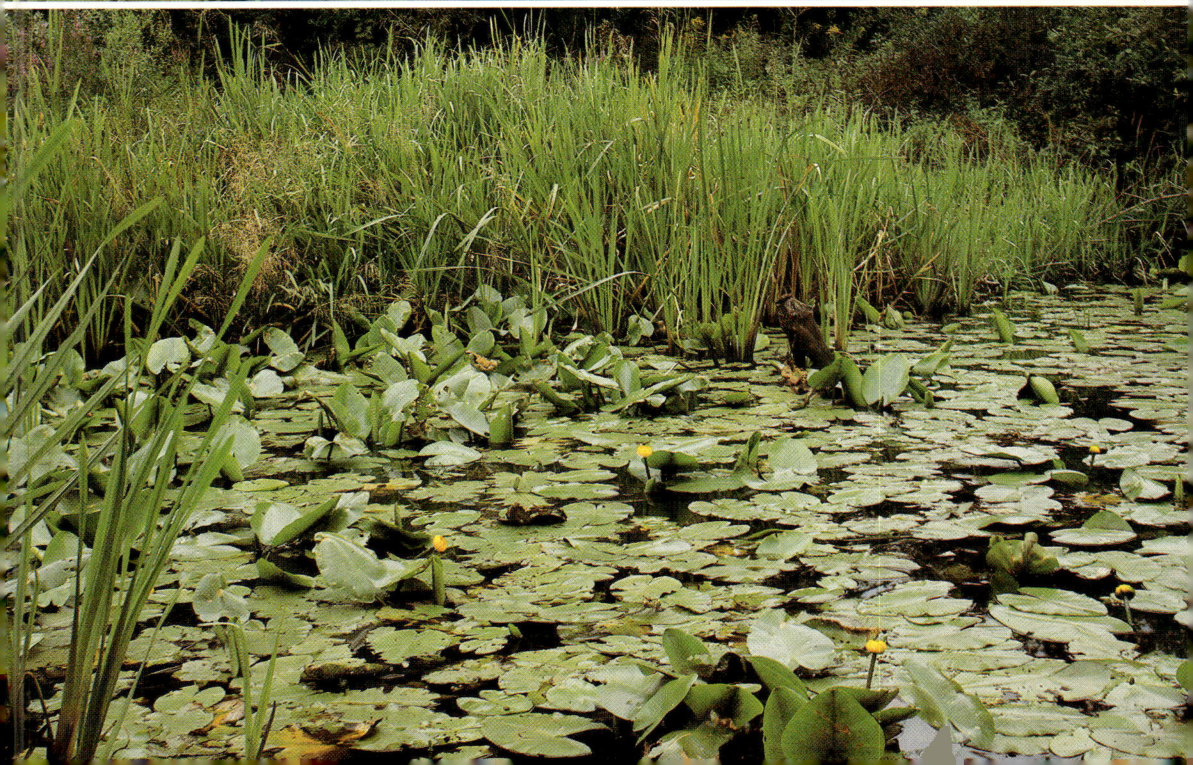

◁ Ufer- und Wasserpflanzen.
Oben: Blut-Weiderich; Wasserhahnenfuß;
Mitte: Glänzendes Laichkraut; Tannenwedel;
unten: Wasser-Schwertlilie; Wasser-Knöterich.

Die Randzone. Sie umgibt den Teichrand und gehört sozusagen zum »Festland«, ist also Teil des Gartens und besteht in der Regel aus Gartenerde. Jedoch ist der Boden durch gelegentliches Übertreten des Wasserspiegels oder Sickerwasser meist etwas feuchter als in der weiteren Umgebung. Anhaltende, stauende Nässe in diesem Bereich vertragen die meisten Pflanzen, deren Standort mit »Randzone« bezeichnet ist, jedoch nicht.

Die Uferzone. Sie ist Teil des Naturteichs, sozusagen sein »innerer Rand«, der bei sinkendem Wasserstand auch einmal trockenfallen kann. Als Uferzone unseres Teichs bezeichnen wir – etwas willkürlich – den Streifen von 0 bis etwa 40 cm Tiefe, je nach Gesamtgröße des Gewässers.

Das freie Wasser. Wir bezeichnen hier alle Teichpartien, deren Wassertiefe mehr als 50 bis 60 cm beträgt, als »freies Wasser«.

Beschreibungen der Pflanzen am und im Teich

Die folgenden Pflanzenbeschreibungen sollen Ihnen bei der Auswahl helfen. Es handelt sich hier um Vorschläge, die sich unter normalen Bedingungen erfolgreich verwirklichen lassen. Bei einigen Pflanzen sind auch spezielle Bedürfnisse erwähnt (zum Beispiel saurer Torfboden, bestimmte Wasserqualität) deren Erfüllung für ein gutes Gedeihen unabdingbar ist. Die genannten Gehölze, Stauden oder Kräuter stehen nicht unter Schutz. Geschützte und bedrohte Arten sind in diesen Beschreibungen nicht aufgeführt. Sie können in Gärtnereien erworben werden und sind am Ende der Pflanzenbeschreibungen für die einzelnen Standorte namentlich aufgezählt. Giftige Pflanzen erkennen Sie an dem Symbol ⊞.

Die Blütezeit ist mit den Monatszahlen angegeben (V = Mai, VI = Juni), das Lichtbedürfnis am Standort mit den Zeichen ○ = Sonne; ◑ = Halbschatten; ● = Schatten. Wenn Sie sich genauer mit der Bestimmung dieser Pflanzen befassen wollen, verweise ich Sie auf entsprechende Bestimmungsliteratur (→Literaturverzeichnis Seite 69).

Pflanzen der Randzone, trockener Bereich

Wiesen-Bärenklau *(Heracleum sphondyleum)*
Familie: Doldengewächse
Aussehen: 80–250 cm hoch, Blüte weiß. Blütezeit: VI–IX. Standort: ○

Finger-Lerchensporn *(Corydalis solida)*
Familie: Erdrauchgewächse
Aussehen: 10–20 cm hoch, Blüte weiß. Blütezeit: III–V. Standort: ◑–●

Busch-Windröschen *(Anemone nemorosa)*
Familie: Hahnenfußgewächse
Aussehen: 10–20 cm hoch, Blüte weiß-rosa.
Blütezeit: III–IV.
Standort: ◔

Gelbes Windröschen *(Anemone ranunculoides)*
Familie: Hahnenfußgewächse
Aussehen: etwa 15 cm hoch, Blüte gelb. Blütezeit: IV–V.
Standort: ◑

Schlangenknöterich *(Polygonum bistorta)*
Familie: Knöterichgewächse
Aussehen: 30–80 cm hoch, Blüte rosa. Blütezeit: V–VII.
Standort: ○–◑

Hundszahnlilie *(Erythronium dens-canis)*
Familie: Liliengewächse
Aussehen: etwa 20 cm hoch, Blüte rosaviolett.
Blütezeit: IV–V.
Standort: ◑

Kleine Brunelle *(Prunella vulgaris)*
Familie: Lippenblütengewächse
Aussehen: 10–25 cm hoch, Blüte blauviolett.
Blütezeit: VI–IX.
Standort: ○–◑

Die Bepflanzung des Naturteichs

Kriechender Günsel *(Ajuga reptans)*
Familie: Lippenblütengewächse
Aussehen: 15–30 cm hoch, Blüte blau.
Blütezeit: V–VIII. Standort: ◯–◖

Gewöhnlicher Gilbweiderich *(Lysimachia vulgaris)*
Familie: Primelgewächse
Aussehen: 60–150 cm hoch, Blüte gelb.
Blütezeit: VI–VIII. Standort: ◯–◖

Tüpfelstern *(Lysimachia punctata)*
Familie: Primelgewächse
Aussehen: 60–150 cm hoch, Blüte gelb.
Blütezeit: VI–VIII. Standort: ◯–◖
In der Natur als verwilderte Zierpflanze.

Gewöhnlicher Frauenmantel *(Alchemilla vulgaris)*
Familie: Rosengewächse
Aussehen: 10–30 cm hoch, Blüte gelblichgrün.
Blütezeit: V–VIII. Standort: ◖

Knollen-Spierstaude *(Filipendula vulgaris)*
Familie: Rosengewächse
Aussehen: 10–40 cm hoch, Blüte weiß. Blütezeit: V–VII. Standort: ◯. Kalkhaltige, nährstoffärmere Böden.

Hängende Segge *(Carex pendula)*
Familie: Sauergräser oder Riedgrasgewächse
Aussehen: 50–150 cm hoch, Blüte bräunlichgrün. Blütezeit: V–VII. Standort: ◖–●
Bildet Büschel (»Bülte«), zwischen denen sich gut kleine Wasserlöcher für den Moorfrosch (→Seite 56) anlegen lassen.

Blut-Weiderich *(Lythrum salicaria)*
Familie: Weiderichgewächse (→Foto Seite 28)
Aussehen: 50–120 cm hoch, Blüte purpurrot.
Blütezeit: VI–IX. Standort: ◯–◖

Land-Reitgras *(Calamagrostis epigejos)*
Familie: Süßgräser
Aussehen: 80–150 cm hoch, Blüte bläulicholiv.
Blütezeit: VI–VIII. Standort: ◯

Strandroggen *(Elymus arenarius)*
Familie: Süßgräser
Aussehen: 60–120 cm hoch, Blüte gelblich.
Blütezeit: VI–VIII. Standort: ◯
Dieses Gras wächst in der Natur nur auf ausgesprochenem Sandboden (Dünensand!).

Blaues Pfeifengras *(Molinia caerulea)*
Familie: Süßgräser (→Foto Seite 27)
Aussehen: 50–100 cm hoch, Blüte bläulichbraun. Blütezeit: VI–IX. Standort: ◯–◖

Unter einfachem Naturschutz: Hohler Lerchensporn, Deutsche Schwertlilie.
Unter besonderem Naturschutz: Märzenbecher, Trollblume, Schachblume, Blaustern, Wald-Geißbart.

Pflanzen der Randzone, feuchter (ufernaher) Bereich

Wald-Geißbart, Knollen-Spierstaude, Schlangenknöterich, Trollblume, Hängende Segge, Blaues Pfeifengras gedeihen *auch* gut in mäßig feuchtem Boden. Alle nachfolgend genannten Pflanzen sind auf eine gute Bodenfeuchtigkeit zum besseren Gedeihen angewiesen:

Akeleiblättrige Wiesenraute *(Thalictrum aquilegifolium)*
Familie: Hahnenfußgewächse
Aussehen: 40–120 cm hoch, Blüte hellviolett.
Blütezeit: V–VII. Standort: ◖–●

Glockenheide *(Erica tetralix)*
Familie: Heidekrautgewächse
Aussehen: 15–50 cm hoch, Blüte rot.
Blütezeit: VI–IX. Standort: ◯
Wächst natürlicherweise nur auf Moor(Torf)boden!

Rosmarinheide *(Andromeda polifolia)* ⊞
Familie: Heidekrautgewächse

Die Bepflanzung des Naturteichs

Aussehen: etwa 20 cm hoch, Blüte weiß. Blütezeit: V–VIII. Standort: ◐–◑
Gedeiht nur auf Torfboden in Wassernähe oder Sumpfbett. Wintergrün.

Fuchs-Greiskraut *(Senecio fuchsii)*
Familie: Korbblütengewächse
Aussehen: 60–150 cm hoch, Blüte gelb. Blütezeit: VII–VIII. Standort: ◐–◑

Gewöhnliche Pestwurz *(Petasites hybridus)*
Familie: Korbblütengewächse
Aussehen: mit Blüte 100 cm hoch, Blüte rötlich. Blütezeit: III–V. Standort: ◐–◑

Gemeiner Wasserdost *(Eupatoria cannabina)*
Familie: Korbblütengewächse
Aussehen: 50–150 cm hoch, Blüte rötlich. Blütezeit: VII–VIII. Standort: ◐–◑

Blutauge *(Potentilla palustris)*
Familie: Rosengewächse
Aussehen: etwa 15–30 cm hoch, Blüte blutrot. Blütezeit: VI–VII. Standort: ◐–◑. Die Pflanze wächst kriechend wie eine Erdbeere bis 1 m weit! Jedoch nur auf moorigem (Torf-) Boden, auch im permanenten Sumpfbereich.

Blaugrüne Binse *(Juncus inflexus)*
Familie: Binsengewächse
Aussehen: etwa 30–60 cm hoch, Blüte gelblich. Blütezeit: VI–VIII. Standort: ◐–◑. In feuchtere, lehmige Böden zu pflanzen; in Büscheln wachsend.

Waldsimse *(Scirpus sylvaticus)*
Familie: Sauergräser oder Riedgrasgewächse
Aussehen: 30–100 cm hoch, Blüte grünlich. Blütezeit: V–VII. Standort: ◐–◑

Unter einfachem Naturschutz: Sibirische Schwertlilie.

Bäume und Sträucher für die feuchte Randzone

Feldahorn *(Acer campestre)*
Familie: Ahorngewächse
Baum oder Strauch, 3–15 m hoch. Standort: ◑

Moor-Birke *(Betula pubescens)*
Familie: Birkengewächse
Baum, bis 15 m hoch. Standort: ◯

Kriech-Weide *(Salix repens)*
Familie: Weidengewächse
Zwergstrauch, 0,2–1 m hoch.
Standort: ◯

Purpurweide *(Salix purpurea)*
Familie: Weidengewächse
Strauch, 2–6 m hoch.
Standort: ◯–◑

Salweide *(Salix caprea)*
Familie: Weidengewächse
Strauch, 3–9 m hoch. Standort: ◯–◑

Silberweide *(Salix alba)*
Familie: Weidengewächse
Baum oder Strauch, bis 25 m hoch.
Standort: ◯

Unter einfachem Naturschutz: Gagelstrauch.
Unter besonderem Naturschutz: Seidelbast.

Pflanzen der Uferzone

Die im folgenden aufgezählten Pflanzen überragen den Wasserspiegel. Moose und Schachtelhalme stehen am Schluß der Aufzählung.

Kalmus *(Acorus calamus)*
Familie: Aronstabgewächse
Aussehen: 60–120 cm hoch, Blüte gelblich. Blütezeit: VI–VIII. Standort: ◯–◑. In nährstoffreiche Gewässer in 0 bis 30 cm Tiefe ein-

pflanzen. Vermehrt sich in Nordeuropa nur durch Sprossung und Teilung der Knollen.

Sumpf-Vergißmeinnicht *(Myosotis palustris)*
Familie: Borretschgewächse
Aussehen: 20–100 cm hoch, Blüte blau.
Blütezeit: V–IX. Standort: ○–◑.
Wächst auf nassem Boden ebenso wie im seichten Wasser. Bis etwa 20 cm Tiefe pflanzen.

Bach-Ehrenpreis *(Veronica beccabunga)*
Familie: Braunwurzgewächse
Aussehen: 20–50 cm hoch, Blüte leuchtend blau.
Blütezeit: V–IX. Standort: ○–◑. In hartes (kalkreiches) Wasser, in Schlammböden vom Spülsaum bis etwa 15 cm Tiefe pflanzen. Diese Pflanze breitet sich bis in die Randzone aus und verdeckt den Beckenrand.

Fieberklee, Bitterklee *(Menyanthes trifoliata)*
Familie: Fieberkleegewächse
Aussehen: 15–30 cm hoch, Blüte weiß. Blütezeit: IV–V. Standort: ○–◑. In sauren (kalkfreien) nassen Boden des Randbereiches und in saures Wasser bis 20 cm Tiefe pflanzen.

Gemeiner Froschlöffel
(Alisma plantago-aquatica)
Familie: Froschlöffelgewächse
Aussehen: 20–90 cm hoch, blüht weiß bis zartrosa. Blütezeit: VI–VIII. Standort: ○–◑. In nährstoffreiche Gewässer in 0 bis 50 cm Tiefe einpflanzen. Vermehrt sich gut durch Versamung.

Pfeilkraut *(Sagittaria sagittifolia)*
Familie: Froschlöffelgewächse
Aussehen: 30–100 cm hoch, Blüte weiß bis zartrosa. Blütezeit: VI–VIII. Standort: ○–◑. In den Uferbereich in 20 bis 40 cm Tiefe in nährstoffreiches Wasser pflanzen. Breitet sich durch Sprossung der Knolle aus und vermehrt sich durch Versamung. In der Natur relativ selten anzutreffen!

Brennender Hahnenfuß *(Ranunculus flammula)*
Familie: Hahnenfußgewächse ⊞
Aussehen: 10–50 cm hoch, Blüte gelb. Blütezeit: VI–X. Standort: ○–◑. Vom Spülsaum des Teichs bis in etwa 20 cm Tiefe des Wassers pflanzen. Breitet sich auch in die feuchte Randzone aus. Die Pflanze hat »Pioniercharakter«, Sie können sie also als erste in einen neu angelegten Teich pflanzen.

Sumpf-Dotterblume *(Caltha palustris)*
Familie: Hahnenfußgewächse
Aussehen: 15–20 cm hoch, Blüte gelb. Blütezeit: IV–VI. Standort: ○–◑. In den Spülsaum des Gewässers, auch in den nassen, sumpfigen Bereich der Randzone pflanzen.

Ästiger Igelkolben *(Sparganium erectum)*
Familie: Igelkolbengewächse
Aussehen: etwa 50–100 cm hoch, Blüte gelblich. Blütezeit: VII–IX. Standort: ○–◑. In nährstoffreiches Wasser und schlammigen Boden vom Spülsaum bis in 40 cm Tiefe pflanzen.

Wasser-Knöterich *(Polygonum amphibium)*
Familie: Knöterichgewächse (→Foto Seite 28)
Aussehen: 30–100 cm hoch, Blüte rosa. Blütezeit: VI–IX. Standort: ○–◑. In Wassertiefen von 30 cm gepflanzt, breitet er sich ins freie Wasser aus, wurzelt auch in größeren Tiefen und kann dabei bis zu etwa 3 m lange Sprossen entwickeln. Er erobert auch das feuchte Ufer bis über den Spülsaum hinaus und wächst in dauernd feuchtem Erdreich der Randzone (verdeckt Beckenränder!).

Bittersüßer Nachtschatten *(Solanum dulcamara)* ⊞
Familie: Nachtschattengewächse
Aussehen: 30–200 cm hoch, Blüte violett. Blütezeit: VI–VIII. Standort: ○–◑. In die feuchte Randzone ebenso wie in den Spülsaum des Wassers pflanzen. Erreicht die Maximalhöhe nur, wenn er stützende Zweige in unmittelbarer Nachbarschaft findet (Büsche), über die er

Die Bepflanzung des Naturteichs

hinwegklettern kann. Die roten Beeren sind giftig, eignen sich jedoch als Vogelfutter.

Schlank-Segge *(Carex gracilis)*
Familie: Sauergräser oder Riedgrasgewächse
Aussehen: 40–150 cm hoch, Blüte gelblich. Blütezeit: V–VI. Standort: ◯–◖. In nährstoffreiches Gewässer in 0–30 cm Tiefe pflanzen. Vermehrt sich stark durch unterirdische Ausläufer. Nützlich für Uferbefestigungen und zum Nährstoffentzug aus belasteten Gewässern.

Scheinzypergras-Segge *(Carex pseudocyperus)*
Familie: Sauergräser oder Riedgrasgewächse
Aussehen: 40–90 cm hoch, Blüte gelblich. Blütezeit: VI–VII. Standort: ◯–◖. In nährstoffreiches Gewässer in 0 bis 30 cm Tiefe pflanzen. Vermehrt sich gut durch Ausläufer.

Steif-Segge *(Carex elata)*
Familie: Sauergräser oder Riedgrasgewächse
Aussehen: 50–120 cm hoch, Blüte rötlich. Blütezeit: IV–V. Standort: ◯–◖. In nährstoffreiches Gewässer in 0 bis 30 cm Tiefe pflanzen. Vermehrt sich stark durch Ausläufer. Nützlich zur Uferbefestigung und zum Nährstoffentzug aus belasteten Gewässern.

Gewöhnliche Sumpfbinse *(Eleocharis palustris)*
Familie: Sauergräser oder Riedgrasgewächse
Aussehen: 10–80 cm hoch, Blüte gelblich. Blütezeit: V–VIII. Standort: ◯–◖. In nährstoffreichen, sumpfigen Boden oder in den Spülsaum des Teichs pflanzen. Wächst in Büscheln (Bülten).

Gewöhnliche Teichbinse *(Schoenoplectus lacustris)*
Familie: Sauergräser oder Riedgrasgewächse
Aussehen: 100–400 (!) cm hoch, Blüte bräunlich. Blütezeit: VI–VII. Standort: ◯–◖. In 30 bis 50 cm tiefes, nährstoffreiches Wasser pflanzen. Die maximale Wuchshöhe von 4 m wird nur bei gutem Standort erreicht. Dann stößt die Binse auch in tieferes Wasser vor. Normalhöhe 2 m.

Scheidiges Wollgras *(Eriophorum vaginatum)*
Familie: Sauergräser oder Riedgrasgewächse
Aussehen: 30–50 cm hoch, Blüte gelblich. Blütezeit: IV–V. Standort: ◯–◖. Gleich außerhalb des Spülsaumes, auch in dauernd feuchten Gartenboden pflanzen.

Schwanenblume *(Butomus umbellatus)*
Familie: Schwanenblumengewächse
Aussehen: 50–150 cm hoch, Blüte rosa. Blütezeit: VI–VIII. Standort: ◯–◖. In nährstoffreiche Gewässer in 30 bis 50 cm Tiefe pflanzen. Selten.

Wasser-Schwaden *(Glyzeria maxima)*
Familie: Süßgräser
Aussehen: 80–200 cm hoch, Blüte gelblich. Blütezeit: VII–VIII. Standort: ◯–◖. In nährstoffreiches Wasser von 0 bis 20 cm Tiefe, aber auch außerhalb, in feuchten Gartenboden pflanzen.

Tannenwedel *(Hippuris vulgaris)*
Familie: Tausendblattgewächse (→Foto 2. Umschlagseite und Seite 28)
Aussehen: bis 100 cm hoch, Blüte grün. Blütezeit: VI–VIII. Standort: ◯–◖. In nährstoffarmes Wasser in 20 bis 50 cm Tiefe pflanzen. Der Tannenwedel liebt leichte Strömung. Er neigt dazu, sich stark auszubreiten, wobei er sich allerdings im wesentlichen auf die oben genannte Wassertiefe beschränkt.

Wasserlebermoos *(Riccia fluitans)*
»Blüht« – wie alle Moose – nicht wie eine höhere Pflanze. Standort: ◯–◖. Das Moos wurzelt nicht im Teichboden, sondern muß im Spülsaum mit kleinen, in den Untergrund gesteckten Ästchen frei schwimmend festgehalten werden, bis es zwischen Röhricht oder Steinen angewachsen ist. Es empfiehlt sich, zunächst das »Lee«-Ufer – die der Hauptwindrichtung abgewandte Seite – zu bepflanzen, um einem Abtreiben entgegenzuwirken. Das Moos bietet gute Deckung für Fischlarven und wächst auf der feuchten Randzone.

Die Bepflanzung des Naturteichs

Teichschachtelhalm *(Equisetum fluviatilis)* ⊞
Familie: Schachtelhalmgewächse
Aussehen: 5–15 cm hoch. Sporenreife: V–VI.
Standort: ○–◖. Im Sumpfbereich und im Spül-
saum pflanzen. Breitet sich gut aus!

Winterschachtelhalm *(Equisetum hyemale)* ⊞
Familie: Schachtelhalmgewächse
Aussehen: bis 150 cm hoch, »Blüte« gelblich-
rötlich. Blütezeit: VII–VIII. Standort: ○–◖.
In den Sumpfbereich gleich außerhalb des
Spülsaumes pflanzen. Die »Blüte« ist der Spo-
renträger, dessen Sporen in der obengenannten
Zeit reifen. Dieser Schachtelhalm ist winter-
grün, ziert also auch dann noch den Ufer-
reich des Teiches. Breitet sich leicht aus!

Unter einfachem Naturschutz: Breitblättriger
Rohrkolben (→Foto Seite 27), Wasser-
Schwertlilie (→Foto Seite 28).
Unter besonderem Naturschutz: Schlangenwurz,
Lungen-Enzian, Zwerg-Rohrkolben, Zungen-
Hahnenfuß, Sumpfwurz, Sonnentau, Sumpf-
Gladiole, Schmalblättriger Rohrkolben, Nadel-
binse, Sumpffarn, Bunter Schachtelhalm.

Pflanzen des freien Wassers

Hier sind tief unter Wasser wurzelnde Pflanzen
mit Schwimmblättern, freischwimmende Gewächse und Unterwasserpflanzen zusammenge-
faßt. Alle sinngemäß als gut wachsend oder
wuchernd bezeichnete Arten tragen besonders
zum Nährstoffentzug aus nährstoffreichen Teichen bei. Mit dem Auslichten dieser Bestände
entfernt man auch die Nährstoffe.

Wasserpest *(Elodea canadensis)*
Familie: Froschbißgewächse
Aussehen: 30–60 cm lang, Blüte weiß. Blütezeit: V–VIII. Standort: ○–◖. Unterwasserpflanze. In nährstoffreiches, kalkhaltiges Wasser in Tiefen ab 1 m pflanzen, damit die Triebe
die Wasseroberfläche nicht erreichen, wo sie
dazu neigen, sich miteinander zu verfilzen und

so anderen Unterwasserpflanzen das Licht zu
nehmen. Sie wuchern – wie ihr deutscher
Name sagt – bei guten Lebensbedingungen
rasch, bleiben jedoch im Winter aktiv und die-
nen dann noch als Sauerstoffproduzent und
Unterstand für kleine Fische und wirbellose
Tiere. Durch Zerteilen der Sprossen läßt die
Pflanze sich beliebig vermehren.

Rauhes Hornblatt *(Ceratophyllum demersum)*
Familie: Hornblattgewächse
Aussehen: Sprosse bis 3 m lang. Standort:
○–◖. Unterwasserpflanze. In nährstoffreichen
Gewässern in etwa 50 bis 60 cm Tiefe einige
Zentimeter tief im Grund verankern. Die
Pflanze gedeiht auch freischwimmend und bildet an den Sprossenspitzen »Winterknospen«
aus, kleine Sprossen, die im Herbst zu Boden
sinken und im Frühjahr neu austreiben. Beim
herbstlichen Auslichten der Bestände die Spitzen abkneifen und im Wasser zurücklassen. So
wird für die kommenden Jahre ein üppiger Bestand gesichert.
Die ähnliche Art, das »Untergetauchte Hornblatt« *(Ceratophyllum submersum)*, ist im Bestand gefährdet und hat der oben beschriebenen Art vergleichbare Ansprüche.

Glänzendes Laichkraut *(Potamogeton lucens)*
Familie: Laichkrautgewächse (→Foto Seite 28)
Aussehen: bis 4 m lange Triebe. Standort:
○–◖. Unterwasserpflanze. Gedeiht sehr gut in
nährstoffreichen, auch stark belasteten Gewäs-
sern. Bis mehr als 2 m Tiefe pflanzen. Vorzüg-
liches Versteck für Jungfische und wirbellose
Tiere.

Kamm-Laichkraut *(Potamogeton pectinatus)*
Familie: Laichkrautgewächse
Aussehen: bis 2 m lange Triebe. Standort:
○–◖. Unterwasserpflanze. Wächst im nähr-
stoffreichen Wasser bis zu 4 m Tiefe. Das
Laichkraut fällt durch extrem schmale Blätter,
die an feine Gräser erinnern, auf. Gutes Ver-
steck und ergiebiger »Weidegrund« für junge
Fische und wirbellose Tiere.

Die Bepflanzung des Naturteichs

Krauses Laichkraut *(Potamogeton crispus)*
Familie: Laichkrautgewächse
Aussehen: bis etwa 2 m lang. Standort: ○–◑.
Unterwasserpflanze. In nährstoffreiches, auch stark belastetes Gewässer in 50 bis 60 cm Tiefe pflanzen. Von hier aus kann das Laichkraut bis in 3 m Tiefe vorwachsen. Es bildet Winterknospen aus und ist ein vorzügliches Tarndikkicht für kleine Fische und wirbellose Tiere.

Schwimmendes Laichkraut *(Potamogeton natans)*
Familie: Laichkrautgewächse
Aussehen: bis 1,50 m lang. Standort: ○–◑.
Unterwasserpflanze. In nährstoffarmes, alkalisches Wasser (→Seite 37) in etwa 1 m Tiefe ansiedeln. Während das Glänzende und das Krause Laichkraut unter Wasser einheitliche Blätter ausbilden, wachsen dieser Art an der Wasseroberfläche bis 12 cm lange ovale Schwimmblätter. Von großem Wert für kleine Fische und wirbellose Tiere.
Außer den hier genannten, am häufigsten anzutreffenden Laichkraut-Arten, gibt es in Deutschland noch etwa weitere 8 Arten, die jedoch in der Regel selten oder geschützt sind.

Ähriges Tausendblatt *(Myriophyllum spicatum)*
Familie: Tausendblattgewächse
Aussehen: bis 2 m lang, kleine zartrosa Blüten über der Wasseroberfläche. Blütezeit: VI–VIII. Standort: ○–◑. Unterwasserpflanze. Wächst bei nicht getrübtem (lichtdurchlässigem) Wasser bis 6 m Tiefe. Kann also an der tiefsten Stelle des Gartenteichs gepflanzt werden. Genauso gut gedeiht es jedoch im Flachwasser oder frei schwimmend. Die Pflanze benötigt nährstoffreiches und hartes (kalkreiches) Wasser. Sie »überwintert« mit Winterknospen.

Kleine Wasserlinse, »Entengrütze« *(Lemna minor)*
Familie: Wasserlinsengewächse
Aussehen: 2–3 cm groß, blüht selten. Standort: ○–◑. Schwimmpflanze. Wuchert stark in nährstoffreichen Gewässern und kann dann die gesamte Wasseroberfläche überziehen. Dadurch werden lichtbedürftige Unterwasserpflanzen im Wachstum behindert. Abhilfen →Seiten 61.

Die **Dreifurchige Wasserlinse** *(Lemna trisulca)*
Standort: ○–◑, ist nicht ganz so wuchsfreudig.

Die **Zwerglinse** *(Wolffia arrhiza)*, Standort: ○–◑, ist mit ihren nur 1 bis 1,5 mm Größe die kleinste Blütenpflanze der Welt.

Gemeiner Wasserstern *(Callitriche palustris)*
Familie: Wassersterngewächse
Aussehen: Wird unter Wasser 5–40 cm lang, Blüte unscheinbar. Blütezeit: V–X. Standort: ○–◑. Unterwasserpflanze. In 20 bis 60 cm Tiefe pflanzen, gedeiht jedoch auch an Land außerhalb des Spülsaumes. Hier erheben sich die Sprossen allerdings kaum über den Boden. Bleibt im Winter grün und kann – wenn reichlich vorhanden – zur Sauerstoffanreicherung des Wassers auch unter Eis beitragen. Es gibt zahlreiche weitere *Callitriche*-Arten, die der oben genannten sehr ähnlich sehen.

Rauhe Armleuchteralge *(Chara aspera)*
Aussehen: 20–30 cm lang. Standort: ○. Unterwasserpflanze. In nährstoffreiche, kalkreiche Gewässer in 40 bis 60 cm Tiefe pflanzen. Wächst rasch unter günstigen Bedingungen, wobei es durch chemische Prozesse zur Kalkablagerung auf den Blättern kommen kann, die in der Regel jedoch nicht schadet.

Unter besonderem Naturschutz: Krebsschere, Seekanne, Weiße Seerose (→Foto Seite 27), Glänzende Seerose, Gelbe Teichrose (→Foto Seite 27), Kleine Teichrose, Wassernuß, Wasserschlauch, Froschbiß.

Das Wasser als Lebenselement

Leitungswasser, Grundwasser, Regenwasser

Die sicherste Quelle, da ständig einsatzbereit, ist der heimische Wasserhahn. Zwar kann *Leitungswasser* relativ hohe Werte an Verunreinigungen aufweisen (zum Beispiel Nitrate, Rückstände versickerter überschüssiger Mineraldünger aus der Landwirtschaft), jedoch wird ein Teich spätestens dann damit fertig, wenn er länger besteht und die Pflanzen die Düngesalze für ihr eigenes Wachstum aufgezehrt haben. Lediglich im neu angelegten Teich werden die Schwebealgen davon leben und sich stark vermehren (Algenblüte), bald jedoch wieder absterben (→Seite 59).

Eventuell vorhandenes Chlor treiben Sie mit einem feinen Sprühstrahl aus (→Seite 38).

Eine weitere Gefahr ist der mögliche Temperaturschock, wenn Sie im Sommer den Teich nachfüllen und das Leitungswasser erheblich kälter ist als das Teichwasser. 4 bis 6° C Unterschied genügen schon, um Pflanzen nachhaltig zu schädigen. Lassen Sie zu kaltes Wasser also relativ sehr langsam zulaufen.

Grundwasser aus dem eigenen Brunnen im Garten hilft Wasserkosten sparen. Lassen Sie jedoch das Wasser zuvor auf seine Unbedenklichkeit prüfen. Gibt es alte Mülldeponien in der Nachbarschaft, sind landwirtschaftliche Sickerwässer zu befürchten? Auch industrielle oder häusliche Umweltsünden (Ölunfälle) können das Grundwasser nachhaltig unbrauchbar machen. Das örtliche Hygiene-Institut, eventuell auch das Wasserwerk, können derartige Analysen durchführen oder zumindest Auskunft geben, wo das geschehen kann. Fragen Sie nach Schwermetallen und Phenolen (Mineralölbestandteile). Diese Stoffe beeinträchtigen die Gesundheit von Tier und Pflanze stark. Das Untersuchungsamt kann Ihnen auch gleich sagen, ob die gemessenen Konzentrationen unbedenklich sind. Alle anderen Werte, wie Härte, pH-Wert, Nitratgehalt, können Sie selbst messen (→Seite 37 f.).

Bedenken Sie beim Nachfüllen eines Teichs mit frischem Brunnenwasser, daß auch hier Temperaturunterschiede bestehen können. Außerdem ist das Wasser, wie alles Brunnenwasser aus Quellen, sehr oft sauerstofffrei, dafür aber mit Kohlensäure gesättigt. Das kann tierische Organismen schädigen. Deshalb müssen Sie das Wasser *langsam* zurieseln lassen oder noch besser vor dem Einlaufen in den Teich langsam durch eine große Wanne leiten, deren Inhalt Sie mit Hilfe einer Membranpumpe (Zoofachhandel) stark belüften. Auf diese Art treiben Sie überschüssige Kohlensäure schnell aus und reichern das Wasser mit etwas Sauerstoff an. Sollte viel Eisen im Grundwasser gelöst sein, so schlägt es sich bei dieser Prozedur in Form kleiner rotbrauner Flocken nieder. Andernfalls würde es sich auf den Kiemen der Tiere ablagern, was zu deren Erstickungstod führen kann.

Für die Erstfüllung des Teiches kommt *Regenwasser* mangels Masse wohl kaum in Frage. Es ist zwar neben dem Grundwasser die natürlichste aller Quellen für einen Teich, doch in größeren Mengen nur mit Vorbehalten zu empfehlen. Regen wirkt wie eine riesige Dusche, mit der die Luft ausgewaschen wird. Deshalb empfinden wir die Luft nach einem richtigen Landregen in der Regel auch als rein. Staubpartikel werden mit zur Erde gerissen, aber auch Industrie- und Autoabgase. Das Ergebnis – »saurer Regen« – ist drastisch auch als verdünnte Schwefelsäure zu bezeichnen. Da ein Regentropfen ursprünglich völlig rein ist, enthält er keinen Kalk, der die Säure unschädlich machen könnte. Ist auch der Boden kalkfrei (sauer), so ist ein Regenwasserteich nur für eine ganz spezielle Pflanzenwelt geeignet. Er wird klar bleiben, da sich dort kaum Leben entwickeln kann. Bei normalen Bodenverhältnissen (kalkhaltig) können Sie jedoch getrost Regenwasser in größeren Mengen in den Teich leiten, wenn die Umgebung nicht ausgesprochen schmutzbelastet ist. Mit einem Blick in die Dachrinne können Sie sich überzeugen, ob dort übermäßige Mengen Ruß und Schmutz ablagern, die beim nächsten Gewitterregen in den Teich gespült würden. In solchen Fällen

Das Wasser als Lebenselement

lassen Sie das Regenwasser die erste halbe Stunde kräftig in den Gulli laufen, bis Dach und Rinne leidlich sauber sind. Der Rest sollte dann für den Teich gut genug sein. Vorsicht jedoch bei Kupfer- und Zinkdächern! Sie sind Ursache für reichliche Schwermetallvorkommen im Gewässer. Manche Bitumendächer »spenden« anhaltend Phenole, die ebenfalls lebensbedrohend für Tiere und Pflanzen sein können. Für die Ableitung von Regenwasser aus dem Fallrohr gibt es spezielle Paßstücke (Spengler, Installationsgeschäft).

Zum Ausgleich von Verdunstung können Sie den Teich, einmal gefüllt, allerdings getrost dem »Wetter« überlassen. In unseren Breiten fällt genug Regen, um Wasserstandsschwankungen in Grenzen zu halten. Die Pflanzen des Uferbereiches sind daran angepaßt.

Wichtige Begriffe für die Wasserqualität

Die folgenden Erläuterungen zu den Wasserwerten sollen lediglich dazu dienen, Ihnen eine Beurteilung Ihres Gewässers zu ermöglichen und daraus Schlüsse für Bepflanzung und Besatz zu ziehen. Versuche, den Grundcharakter des Wassers zu verändern, werden allerdings bei einem Teich im Sinne dieses Buches weder erfolgversprechend noch notwendig sein.

Der pH-Wert

Eine für alles Leben ganz entscheidende Eigenschaft des Wassers ist sein Säuregrad, der pH-Wert. Dieser gibt in Zahlen Auskunft darüber, ob ein Gewässer sauer, neutral oder alkalisch (basisch) ist. Der saure Bereich wird von den Meßzahlen 0 bis knapp 7 eingegrenzt. Dabei bedeutet 0 stark sauer und 6,9 schwach sauer. Der Wert eines (sauren) Moorgewässers liegt etwa zwischen pH 4 und 6. Ein pH-Wert von 7 zeigt neutrales Wasser an, während alle Werte über 7 (bis 14) alkalische oder basische Reaktionen bedeuten. Ein normaler Teich hat in den Morgenstunden einen pH-Wert von 7,0

bis 8,5, bei starkem Pflanzenwuchs und nach reichlicher Besonnung steigt er gelegentlich bis 10. Sie sehen: Die pH-Werte können schwanken. Näheres hierzu lesen Sie bei Interesse bitte in der Aquarienfachliteratur nach.

Für Fische gut verträglich sind pH-Werte zwischen 7 und 8,5. Die meisten Arten vertragen auch kurzfristige Schwankungen bis pH 10 oder 10,4. Sie messen den pH-Wert mit pH-Papier (Indikatorstäbchen, erhältlich im Laborfachhandel); ihr Meßbereich liegt zwischen 4,0 und 7,0; 6,5 und 10,0 und eventuell 7,5 und 14,0. Es gibt auch Flüssigindikatoren im Zoofachhandel. In einem länger bestehenden, gesunden Teich, dessen schwankende Wasserwerte Sie übers Jahr kennengelernt haben, müssen Routinekontrollen nicht mehr vorgenommen werden. Der Teich behält seinen »Charakter« weitgehend bei, wenn Sie seine Entwicklung als Naturteich im Sinne dieses Buches zulassen.

Die Härte

Sie drückt den Calcium- und Magnesiumgehalt des Wassers aus. Calcium und Magnesium sind im Boden in Form von Salzen vorhanden und werden vom Wasser aufgelöst. Je höher der Gehalt an diesen Salzen, desto »härter« ist das Wasser. Man bezeichnet diesen speziellen Salzgehalt als Gesamthärte; Maßeinheit »1 deutscher Grad« (°dH).

Ein Teil dieser Salze liegt in Form von Carbonaten, Salzen der Kohlensäure vor, deren Anteil im Wasser als »Carbonathärte« bezeichnet wird. Dieser für die Wasserqualität entscheidende Wert läßt sich neben der Gesamthärte extra bestimmen (Wasserlabor, Zoofachhandel). Von der Carbonathärte hängt es ab, wie weit Schwankungen der pH-Werte aufgefangen werden können, die ohne sie ins Extreme gehen und für viele Organismen tödlich würden. Die Wasserwerte sind unterschiedlich (Auskunft erteilen die Wasserwerke). Weiches Wasser hat eine Gesamthärte von etwa 4° bis 7° dH, hartes Wasser 18° bis 30° dH. Regenwasser enthält keine gelösten Salze (0° dH).

Das Wasser als Lebenselement

Nährstoffreichtum

Dieser etwas verschwommene Begriff umfaßt eine Vielzahl von Stoffen, die sich sowohl nützlich als auch schädlich auswirken können. Wir verwenden diesen Begriff im positiven Sinne, um einen hohen Gehalt an Sulfaten, Phosphaten und Chloriden anzudeuten, die die Pflanzen zum Aufbau ihrer Zellen benötigen. Diese Salze sind mit den Düngesalzen in der Landwirtschaft vergleichbar.

Doch oft wird der Begriff auch im negativen Sinne für die Vorstufe dieses düngesalzhaltigen Wassers gebraucht: für organisch verschmutztes Gewässer mit all seinen Begleiterscheinungen (zum Beispiel Fäulnis). Sie können sowohl die nützlichen »Düngesalze« (Nitrate) wie auch die giftigen, also schädlichen Zwischenstufen (Ammoniak und Nitrit) mit dem bereits erwähnten Wasserlabor (Zoofachhandel) messen. Doch meistens bringt die Kenntnis dieser Werte nur eine Beunruhigung des Teichbesitzers mit sich, denn der Nährstoffgehalt läßt sich letztlich schwer beeinflussen. (In Aquarien ist die Messung sinnvoller, da ungünstige Werte leichter zu korrigieren sind.) Außerdem sind bestimmte Höchstwerte dieser Stoffe kurzfristig typisch und völlig normal für jeden neu angelegten Teich. Lassen Sie ihm also Zeit und warten Sie ab, wie er sich entwickelt.

Das biologische Gleichgewicht

Es ist ein viel strapazierter Begriff, der nicht allzu wörtlich gemeint ist. Im Sinne dieses Buches entspricht das biologische Gleichgewicht des Teichs – oder im Teich – einer gewissen Ausgewogenheit zwischen Nährstofflieferanten (verrottende Pflanzen- und Tierstoffe) und Nährstoffverbrauchern (wachsende Pflanzen →pflanzenfressende Tiere →fleischfressende Tiere →sich zersetzende tierische Stoffe, →Zeichnung Seite 11). Dieses Gleichgewicht tritt ein, wenn natürlicherweise nicht mehr Nährstoffe anfallen, als auch von den Pflanzen aufgenommen werden können und nicht mehr zersetzbare organische Substanz anfällt, als von den sauerstoffbedürftigen Bakterien abgebaut wird. Fäulnisprozesse sind Anzeichen für ein gewisses Ungleichgewicht, in das Sie allerdings ausgleichend eingreifen (→Seite 59 f.). Deutlich sichtbar wird ein totales Ungleichgewicht, wenn es zur Katastrophe kommt: Zu viele Fische lassen keine Pflanzen aufkommen und belasten das Wasser mit Schmutz, der nicht mehr abgebaut werden kann. Andererseits verkümmern zu viele Pflanzen in nährstoffarmem Wasser.

Das Einlassen des Wassers

Nehmen Sie sich bitte dafür viel Zeit! Füllen Sie den Teich tagsüber mit dem Gartenschlauch mit weichem zerstäubendem Strahl (Sprühdüse). Dadurch wird eventuell vorhandenes Chlor ausgetrieben, das Pflanzen und Kleinlebewesen schädigen könnte. Ist das Wasser gar nicht gechlort (Wasserwerk fragen!), können Sie mit vollem Strahl füllen; das geht natürlich schneller. Richten Sie den Wasserstrahl auf ein Stück Plastikfolie, damit er den Boden nicht fortschwemmt und die Pflanzen nicht ausspült. Werfen Sie einen Blick auf die Wasseruhr. Nach der Füllung zeigt sie Ihnen genau das Fassungsvermögen Ihres Teiches an. Diesen Wert brauchen Sie für die Berechnung des Besatzes.

Die Tierwelt des Naturteichs

Amphibien – Zuwanderung oder künstlicher Besatz?

Attraktive Bewohner des Naturteichs und seiner Umgebung sind Amphibien wie Frösche, Kröten und Molche, da sie ein interessantes Verhalten zeigen. Bevor Sie sich für ein Warten auf natürliche Zuwanderung oder künstlichen Besatz entscheiden, sollten Sie sich mit den wichtigsten Eigenarten dieser Tierklasse vertraut machen.

Zu den Amphibien gehören alle Vierbeiner mit glatter oder warziger Haut ohne Schuppen und Schilder, und zwar die »schwanzlosen« Froschlurche sowie die Schwanzlurche (Salamander und Molche). Sie werden in der Regel dem Gartengewässer einen nur vorübergehenden, höchstens einige Jahre während Besuch abstatten. Kommen sie nur zum Laichen, so bleiben sie je nach Art 1 Woche bis etwa 2 bis 3 Monate. Die meisten Jungtiere wandern nach Verlassen des Wassers ab, ebenso können erwachsene Tiere das Revier spontan verlassen (→Seite 42). Haben Sie das Glück, naturnah zu wohnen, so können Amphibien aus einem Umkreis von über 2 km (bis maximal etwa 3 km) zu Ihnen stoßen. Sie gelangen unter Umständen auch als Ei oder Larve im Gefieder von Wasservögeln zu Ihnen. Das setzt allerdings voraus, daß der Teich diese Vögel zumindest zum vorübergehenden Verweilen einlädt, das heißt, daß er über 30 m² groß und ruhig gelegen ist.

Unter diesen Umständen entbinden Sie sich von der Verantwortung für abwandernde Tiere, denn sie werden in der Umgebung, aus der sie oder ihre Eltern kamen, wieder eine geeignete Bleibe finden.

Es ist sinnvoll, erfordert aber auch viel innere Gelassenheit, nach Fertigstellung des Teichs auf »Besuch« aus der näheren Umgebung zu warten. Das kann, je nach den Umständen und der Tierart, 1 bis 7 Jahre dauern. Die Tiere, die sich dann dort wohl fühlen, werden aller Voraussicht nach auch für die Zukunft bleiben. Liegt der Weiher jedoch zum Beispiel in einem Ballungsgebiet und ist den Tieren der Zutritt durch Straßen, Mauern und anderes lebensfeindliches Milieu wie zum Beispiel große, intensiv bewirtschaftete Äcker verwehrt, so werden Sie meist vergeblich auf die Zuwanderung von Amphibien warten; es bleibt Ihnen dann nichts anderes als der künstliche Besatz. Außer den rechtlichen Voraussetzungen in bezug auf die Nachbarn (→Seite 6) müssen Sie folgendes beachten:

Schutzbestimmungen

Alle in Europa heimischen Amphibien und Reptilien sind geschützt (Bundesartenschutzverordnung von 1980)! Kein Tier darf ohne behördliche Genehmigung für private oder wissenschaftliche Zwecke der Natur entnommen werden. Generell dürfen diese Tiere jedoch gehandelt oder umgesetzt werden, wenn sie *nachweislich* legal in Gefangenschaft nachgezogen wurden. (Zoofachhändler führen ein entsprechendes »Nachweisbuch«.) Unter diese Regel fällt auch der Nachwuchs aus anderen privaten Teichen. Sie können also auch durch andere Teichbesitzer an Amphibien gelangen. Anzeigen in der Tagespresse leisten dabei gute Dienste. Auch Schulen, die zu Lehrzwecken Amphibien nachziehen, sind möglicherweise dankbar für die Abnahme von überzähligem Nachwuchs. Letztlich kann die Untere Naturschutzbehörde des Landkreises entscheiden, ob und wo Sie Amphibien für private Zwecke der Natur entnehmen dürfen.

Es ist nicht immer leicht, an die geeigneten Stellen heranzukommen. Oft ist innerhalb einer Stadtverwaltung nicht bekannt, wer für die gewünschte Auskunft zuständig ist. Wie Sie – manchmal mit kriminalistischem Spürsinn – trotzdem ans Ziel kommen, erfahren Sie auf Seite 25.

Die Ansprüche der Amphibien an den Lebensraum

Sie betreffen sowohl das Laichgewässer – den Teich – als auch den Landlebensraum – den Garten – und müssen in jedem Fall befriedigt werden. Nur so werden die Tiere zu mehrjährigem Verweilen eingeladen, ganz gleich, ob sie zugewandert oder eingesetzt sind. Die Lebensansprüche der einzelnen Arten erfahren Sie in den »Steckbriefen« (→Seite 49 ff.), wobei ich mich im wesentlichen auf die umfassenden Freilanduntersuchungen von J. Blab stütze.

Eine ausreichende Größe des Grundstücks, eventuell gemeinsam mit zumindest naturgartenähnlichen Nachbargrundstücken, in denen allerdings auch keine Haustiere gehalten werden dürfen, die Amphibien spielerisch töten (Katzen) oder ausscharren können (Hunde), ist eine weitere Voraussetzung für das Verweilen von Amphibien. Viele Amphibien richten sich nämlich an Land ein Sommerquartier in der Erde ein, das ihnen Versteck, Schlafplatz und Basis für ihre Beutezüge ist. Sie suchen ihre Nahrung dann in unmittelbarer Umgebung dieser Wohnung – meist in 2 bis 20 m Umkreis. Außerdem benötigen sie ein Winterquartier, in das sie sich – vor Frost geschützt – zur Winterruhe zurückziehen. Wenn Sie Verstecke mit gutem Bodenklima einrichten, so können diese gleichzeitig Sommer- und Winterquartier sein. Außerdem muß sich das Laichgewässer in erreichbarer Nähe befinden. Auf großen Grundstücken von 750 bis 1000 m² und mehr dürfte die Einrichtung dieser Landquartiere, die Amphibien und Betrachter gleichermaßen zufriedenstellen, keine Schwierigkeiten bereiten. Nur selten werden allerdings in neuerer Zeit erworbene Grundstücke diese Ausmaße haben. Besitzer von kleinen Reihenhausgärten müssen sich, falls mit den Nachbarn keine Einigung über die Erweiterung des Amphibien-Lebensraums zu erreichen ist, auf Arten beschränken, die eine *enge Gewässerbindung* haben, im Sommer also nicht weit vom Laichgewässer abwandern. Ist die Uferzone in etwa 7 bis 10 m Umkreis naturnah gestaltet und erfüllt sie die erwähnten Ansprüche (→Seite 41), dann können Sie Amphibien auch auf einem kleinen Grundstück dauerhaft ansiedeln.

Bitte prüfen Sie jetzt, ob Sie mit Ihrem Garten einem der folgenden Lebensräume nahekommen. Finden Sie eine zutreffende Spalte, so sind Sie auch gleich über die Amphibien informiert, die bei Ihnen leben können.

Die erfolgreiche Ansiedlung von Amphibien
Wenn Sie festgestellt haben, welche Art zu Ihrem Naturteich »paßt«, informieren Sie sich über die Laichzeit des in Frage kommenden Tieres und besorgen sich unter Einhaltung der gesetzlichen Vorschriften einige wenige Eier oder Larven. Bei Berechnung der für den Besatz notwendigen Ei- oder Larvenzahl gehen Sie davon aus, daß im Teich noch keine Raubfeinde (Fische, Libellenlarven) leben. Dann können Sie damit rechnen, daß aus 3 Eiern etwa 2 Larven heranwachsen, aus 5 Larven etwa 1 erwachsenes Tier bis zur Geschlechtsreife überlebt.

Versuchen Sie niemals, junge oder erwachsene Tiere anzusiedeln! Das kann nicht gelingen, da die Amphibien immer zu ihrem Heimatgewässer oder Sommerrevier zurückwandern wollen, auch wenn sie es dann nie erreichen können. Für den Transport stecken Sie die Amphibieneier zwischen sehr locker gelegte, nasse Torfmoospolster. Vermeiden Sie harte Stöße, da die Keime sonst Schaden nehmen können. Larven transportieren Sie in einem Marmeladen-

So transportieren Sie Kaulquappen richtig. (Beachten Sie den Wasserstand!) Löcher im Deckel sind nur bei einem Transport von mehr als 12 Stunden sinnvoll.

Die Tierwelt des Naturteichs

Für welche Amphibien eignet sich Ihr Garten?

Ansprüche an den Lebensraum	großes Grundstück (750−1000 m^2)*	kleines Grundstück (unter 750 m^2)*
Viel Sonne am Laichplatz und im Sommerquartier, keine schattenspendenden Bäume (idealer Reviertyp: Trockenrasen mit seiner speziellen Pflanzengemeinschaft).	Kreuzkröte, Wechselkröte	Geburtshelferkröte
Vorwiegend schattige Sommerquartiere; fleckförmige Besonnung des Bodens jedoch notwendig.	Springfrosch, Grasfrosch, Erdkröte, wenn Teichufer (Laichplatz) besonnt; Feuersalamander, wenn Grundstück in Waldrandlage, Laichplatzbesonnung relativ unwichtig (→Seite 52)	Bergmolch, Fadenmolch, wenn Teichufer (Laich- und Wohngewässer) besonnt, aber nur wenn Höhenlage mehr als 500−700 m über NN, ohne Sonneneinstrahlung bleibt das Laichgewässer im Frühjahr sonst ungünstig kühl für Larvenentwicklung; oder wenn Teichufer unbesonnt bei Wohnlagen unter 500 m über NN.
Laichgewässer wird fast ganzjährig bewohnt und/oder feuchte bis sumpfige Umgebung (bis mindestens 4 m vom Ufer entfernt) als Aufenthalt benutzt:besonnter Teich;	Gelbbauchunke, Rotbauchunke, »Wasserfrosch«, Kammolch	
in warmen Regionen auch beschatteter Teich;	»Wasserfrosch«, Kammolch	
besonnte, sumpfige Umgebung des Teichs, Aufenthalt in Wasserlöchern;	Rotbauchunke, Moorfrosch	
lichte, durchsonnte Schilf-, Rohr- oder Igelkolbenbestände; besser noch Weidensträucher in mindestens 4 m Breite in der Sumpfzone.	Laubfrosch, Moorfrosch	
Keine speziellen Ansprüche an den Teich als Wohn/Laichgewässer und/oder die nähere Umgebung als Landlebensraum.	Teichmolch	

Grundsätzlich dürfen nur solche Arten angesiedelt werden, die auch in der Umgebung natürlicherweise vorkommen (beim Naturschutzamt nachfragen). Auf »Importe« aus anderen Regionen Deutschlands oder gar Europas ist aus Gründen des Naturschutzes (Gefahr der »Faunenverfälschung«) zu verzichten!

* Gleichgroße Nachbargrundstücke oder Wiesen und Wälder im Umland von Vorteil.

glas mit Schraubdeckel in gerade so viel Wasser, daß sie bequem frei schwimmen können (→Zeichnung Seite 40). Der darüberstehende Luftraum dient der Versorgung des Wassers mit lebensnotwendigem Sauerstoff. Auch hier tun einige Pflanzenstengel oder Torfmoosfasern im Wasser guten Dienst, an denen die Amphibienlarven während des Transports Halt finden, so daß sie Schaukeleien nicht durch heftige Schwimmbewegungen ausgleichen müssen.

Zu Hause angekommen, gießen Sie, um gefährliche Temperaturschocks zu vermeiden, ganz langsam, teelöffelweise, Teichwasser zum Transportwasser. So vermeiden Sie, daß die Keime oder Larven aus dem warmen Transportwasser plötzlich ins kalte Teichwasser gelangen.

Auch wenn es Ihnen gelungen ist, eine oder mehrere Amphibienarten anzusiedeln, werden die Tiere eines Tages der Art gemäß ihr Revier für immer verlassen, um sich im Umland neu anzusiedeln. Einige Arten tun dies häufig, wie Kreuzkröte, Wechselkröte, Geburtshelferkröte und Gelbbauchunke, andere halten in der Regel 1 bis 2 Jahre, manchmal auch länger, an einem gewählten Revier fest, zum Beispiel Springfrosch, Grasfrosch, Erdkröte, Feuersalamander, Moorfrosch und wahrscheinlich auch alle genannten Molcharten.

In einem gut bewohnten Revier macht das nichts aus, da jährlich genügend Nachwuchs produziert wird, der sich zumindest teilweise am Geburtsort heimisch niederläßt. Entscheidend ist vielmehr, daß die abwandernden Tiere eine Möglichkeit haben, einen artgerechten Lebensraum in der näheren Umgebung in Sicherheit aufsuchen zu können. Ist dies nicht möglich, so werden sie Opfer des Straßenverkehrs, der Eggen, Mähmaschinen oder Insektenbekämpfungsmittel. Auch Jungtiere wandern in Scharen ab, weil sie im Garten nicht genügend Lebensraum und Futter finden. Darüber hinaus streben sie naturgemäß nach Erlangung eines gewissen Entwicklungsstandes auseinander. Diese Kenntnisse mögen Ihnen bei der Ent-

scheidung, ob und wie sie Ihren Weiher besetzen wollen, helfen. Ein Patentrezept mit klaren Aussagen der Art, »bis so und soviel Kilometer Entfernung zum nächsten Lebensraum und unter diesen und jenen Umständen Amphibienhaltung ja, sonst nein«, läßt sich nicht geben. Schon gar nicht in heutiger Zeit, in der Sie unter Umständen bedrohte Amphibienpopulationen schnell retten müssen, zum Beispiel wenn die Planierraupe schon vor dem Amphibiengewässer steht, um es zuzuschütten. Alle genannten Tiere eignen sich für den künstlichen Besatz, es sei denn, es wird in den Beschreibungen ausdrücklich abgeraten.

Fische im Naturteich

Fische im Naturteich zu halten, ist eine problembeladene Angelegenheit (→Seite 47 f.). Nur als Eigentümer eines Teiches von mehr als 15 m² Grundfläche können Sie guten Gewissens an Fischbesatz denken. Nach einer »Einlaufzeit« von 1, besser 2 bis 3 Jahren liefert er genug Nahrung für einige kleine Fischarten. Diese sollten nicht mehr wegfressen, als »hintendran« wieder nachwachsen kann. Wieviel das jeweils ist, läßt sich nicht in eine Formel kleiden. Die »Nahrungsproduktion« im Naturteich hängt vom Nährstoffgehalt des Wassers, aber auch von seiner Temperatur, seinen Lichtverhältnissen und der Wasserqualität (→Seite 36 ff.) ab, der »Gesamt«-Appetit der Fische ebenfalls von ihrer Größe, Zahl und Wassertemperatur.

Hinzu kommt, daß viele Fische Nahrungsspezialisten sind und eine bestimmte Futtersorte bevorzugen, seien es Grünalgen, bodenlebende oder freischwimmende Kleintiere. Jedoch stellen sie ihren Speisezettel aufgrund des Angebots immer selbst zusammen, ändern diesen aber auch in Anpassung an wechselnde Fischnährtiere. Fast immer schätzen sie Amphibieneier oder deren Larven. Wenn Sie Amphibien nachziehen wollen, müssen Sie daher auf Fischbesatz verzichten, es sei denn, Sie legen

Die Tierwelt des Naturteichs

2 oder 3 kleine Teiche statt eines großen an und halten Fische und Amphibien streng voneinander getrennt. Zur Not läßt sich ein Teich auch durch eine Art Barriere in zwei Areale trennen. Sie kann allerdings nicht vollständig verhindern, daß kleinere Fische, vor allem bei höherem Wasserstand, in das Amphibienrevier eindringen. Umgekehrt werden Verluste dadurch auftreten, daß Amphibien zum Ablaichen ebenfalls die »falsche« Hälfte des Weihers wählen, die den Fischen vorbehalten ist.

Wie erwähnt, werden Sie spätestens nach etwa $1/2$ bis 1 Jahr feststellen können, ob sich Ihr Teich zu einem nährstoffreichen oder nährstoffarmen Typ entwickelt. Das ist ein ganz entscheidendes Kriterium für die Auswahl der Fische. Beachten Sie außerdem die Temperatur und damit auch den Sauerstoffgehalt (→Seite 38) des Wassers. An kaltes, sauerstoffreiches Wasser angepaßte Fische leiden im warmen, sauerstoffärmeren Wasser, werden bald schwach, von Parasiten befallen, erkranken ernstlich und sterben rasch.

Beschreibungen der wichtigsten Tierarten

Wirbellose Tiere

Die im folgenden vorgestellten Kleinlebewesen werden den Teich und seine Umgebung, je nach Gegend, Klima und Lage Ihres Gartens früher oder später von selbst bevölkern. Spätestens nach 2 Sommern »Einlaufzeit« werden Sie diese vielfältige Welt beobachten können. Die Tiere sind in systematischer Reihenfolge vorgestellt: Am Anfang stehen die am einfachsten organisierten und am Ende die am höchsten entwickelten. Wenn Sie mehr darüber erfahren wollen, empfiehlt sich das Studium entsprechender Bücher (→Literaturhinweise Seite 69). Die oft in Klammern zugefügten wissenschaftlichen Bezeichnungen sollen Ihnen bei der Lektüre von Fachbüchern helfen.

Urtierchen ernähren sich von Bakterien, Algen und Geißeltierchen und sind so an der »Mine-ralisation« (→Seite 10) entscheidend beteiligt; dienen selbst der Fischbrut als Nahrung. Zu ihnen gehören Amöben, Pantoffeltierchen und Glockentierchen (→Zeichnung Seite 44).

Schwämme ernähren sich wie die Urtierchen hauptsächlich von Bakterien und siedeln deshalb in Bodennähe oder turbulenten Wasserbereichen. Es gibt nur eine Familie im Süßwasser; alle anderen leben im Meer.

Nesseltiere brennen wie Brennesseln, daher der Name. Der Körper von Süßwasserpolypen und Medusen besteht nur aus zwei Zellschichten. Die Polypen ernähren sich bevorzugt von Kleinlebewesen wie Krebstieren, die sie mit ihren Nesselkapseln »erlegen«.

Strudelwürmer (nur 1 bis 2 cm lang) kriechen wie flache Nacktschnecken über Pflanzenteile und unter dem Wasserhäutchen entlang; ernähren sich von Urtierchen und Kleinkrebsen. Manche Arten (Planarien) haben »traurig« schauende Augen und »Öhrchen«.

Rädertierchen (→Zeichnung Seite 44) sind festsitzende oder freischwebende Würmer, die gar nicht wie Würmer aussehen und sich von Kleinstalgen und Bakterien ernähren (»Mineralisation«); gutes Futter für Fischlarven; treten im Frühjahr und Herbst oft massenhaft auf.

Ringelwürmer stehen meist mit dem Kopf im Schlamm (Schlammröhrenwürmer »Tubifex«; →Zeichnung Seite 44) oder leben zwischen Wasserpflanzen; spielen zum Teil eine ganz erhebliche Rolle bei der Umschichtung und Verdauung von Bodenschlamm (»Mineralisation«). Auch Egel gehören zu den Ringelwürmern, die an Amphibien, Fischen und Schnecken Blut saugen. Dabei sind sie auf bestimmte Tierklassen spezialisiert, richten im Naturteich jedoch nur Schaden an, wenn zu dichter Besatz oder Sauerstoffmangel, schlechte Wassereigenschaften oder ähnlich ungünstige Umstände auftreten.

Die Tierwelt des Naturteichs

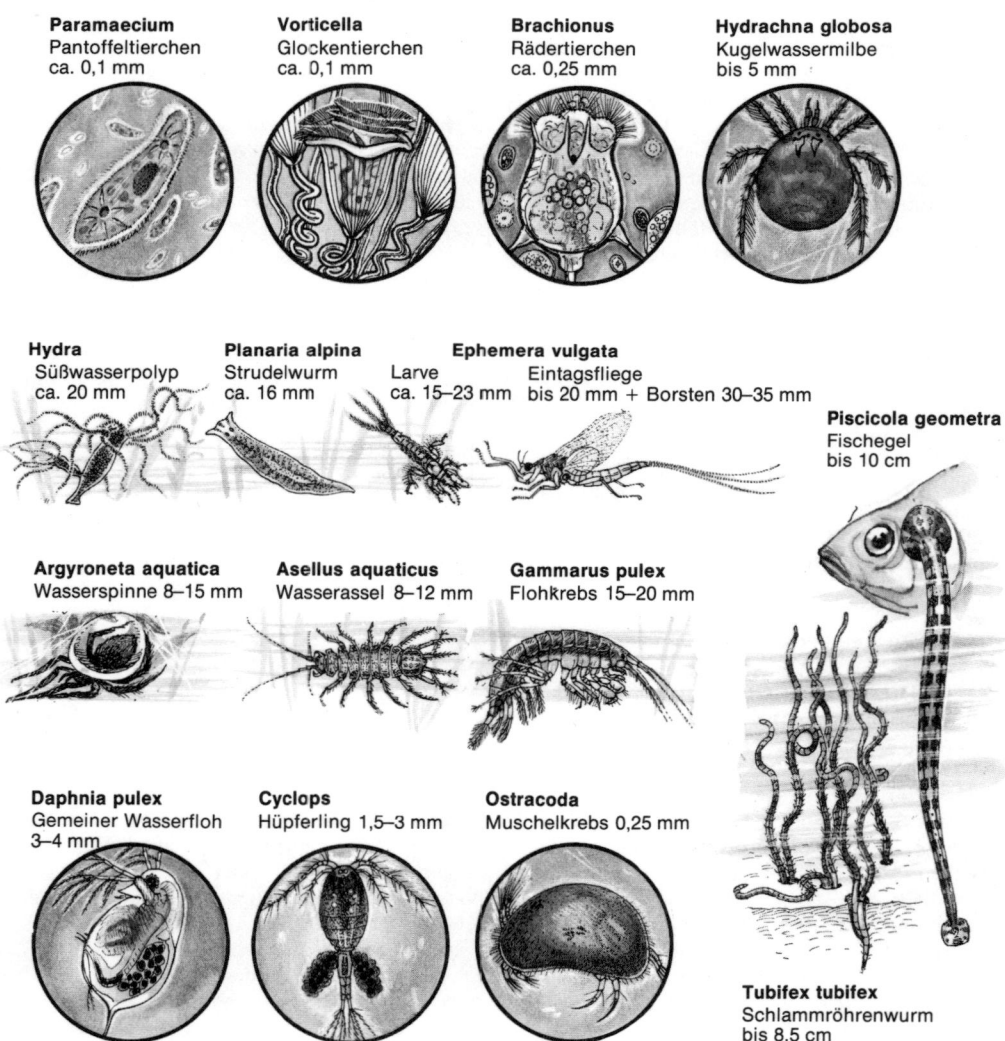

Paramaecium
Pantoffeltierchen
ca. 0,1 mm

Vorticella
Glockentierchen
ca. 0,1 mm

Brachionus
Rädertierchen
ca. 0,25 mm

Hydrachna globosa
Kugelwassermilbe
bis 5 mm

Hydra
Süßwasserpolyp
ca. 20 mm

Planaria alpina
Strudelwurm
ca. 16 mm

Ephemera vulgata
Larve   Eintagsfliege
ca. 15–23 mm bis 20 mm + Borsten 30–35 mm

Piscicola geometra
Fischegel
bis 10 cm

Argyroneta aquatica
Wasserspinne 8–15 mm

Asellus aquaticus
Wasserassel 8–12 mm

Gammarus pulex
Flohkrebs 15–20 mm

Daphnia pulex
Gemeiner Wasserfloh
3–4 mm

Cyclops
Hüpferling 1,5–3 mm

Ostracoda
Muschelkrebs 0,25 mm

Tubifex tubifex
Schlammröhrenwurm
bis 8,5 cm

Kleinlebewelt im Gartenteich. Manche Tiere sind so klein, daß man sie nur mit dem Mikroskop gut beobachten kann (sie sind im Kreis abgebildet), alle anderen sind mit Hilfe einer Lupe beziehungsweise mit bloßem Auge sichtbar.

Die Tierwelt des Naturteichs

Wassermilben (→Zeichnung links) sind höchstens wenige Millimeter groß und meist als leuchtend gefärbte »Kugeln« im Wasser zu beobachten; saugen in der Regel Kleinkrebschen und Ringelwürmern das Blut aus.

Wasserspinnen unterscheiden sich auf den ersten Blick nicht von gewöhnlichen Spinnen, leben aber unter Wasser; ihre Anwesenheit bemerkt man durch etwa fingerhutgroße Luftglocken, die zwischen Pflanzen oder Steinlöchern unter Wasser silbern glänzen (→Foto Seite 53 und Zeichnung links); hier verzehren sie ihre Nahrung (Kleinkrebse, Insektenlarven), paaren sich und ruhen aus; Luft holen sie als dünnen, silbrig glänzenden Film mit Hilfe ihres behaarten Hinterleibes und der stark behaarten Beine von der Wasseroberfläche.
Keine Angst vor diesen Spinnen! Die Weibchen werden selten größer als 1,5 cm, die Männchen bleiben kleiner; sie leben sehr versteckt und kommen nicht an Land.

Krebstiere. Wasserflöhe und Hüpferlinge ernähren sich hauptsächlich von einzelligen Algen, während sich die anderen Arten zwischen Pflanzen und Steinen am Boden kriechend von Pflanzen und toten Tieren ernähren (»Gesundheitspolizei«!). Alle dienen sie Fischen als Nahrung, aber auch Nesseltieren und Wassermilben.
Zu ihnen gehören Wasserflöhe (*Cladocera/Daphnia*), Ruderfüßer oder Hüpferlinge (*Copepoda/Cyclops*), Muschelkrebse (*Ostracoda*), Wasserasseln (*Isopoda*) und Flohkrebse (*Amphipoda*; →Zeichnung links).

Eintagsfliegen (→Foto Seite 63 und Zeichnung links) leben in ihrer beflügelten Form bis zur Fortpflanzung nur wenige Stunden oder Tage, daher der Name. Ihre Larven ernähren sich im Wasser von Pflanzen oder deren abgestorbenen Schwebeteilchen, aber auch von tierischen Überresten; Larven und beflügelte Geschlechtstiere sind an drei feinen, fadenförmigen Fortsätzen des Hinterleibes zu erkennen.

Wasserläufer (→Foto Seite 63) laufen auf dem Wasserhäutchen und erbeuten dort schwimmende, lebende und tote Insekten; überwintern in Verstecken an steinigen Ufern. Beachten Sie das beim Bau des Teiches und häufen Sie Steine im Bereich der Schilfzone an. Zu den Wasserläufern gehören Wasserschneider (*Gerridae*) und Teichläufer (*Hydrometridae, Veliidae*).

Wasserwanzen schwimmen im Gegensatz zu den Wasserläufern unter Wasser und fangen dort kleine Wassertiere aller Art (Mückenlarven, Kaulquappen, Fischlarven); am Hinterleib besitzen einige Arten ein mehr oder minder langes Atemrohr, mit dem sie an der Wasseroberfläche Luft aufnehmen. Einige Arten stechen auch Menschen etwa so schmerzhaft wie eine Biene, jedoch mit ihrem kräftigen Stech- und Saugrüssel. Zu den Wasserwanzen gehören Wasserskorpione (*Nepidae*), Rückenschwimmer (*Notonectidae*) und Ruderwanzen (*Naucoridae*; →Foto Seite 53).

Wasserkäfer fliegen gut und besiedeln den Teich von selbst, falls er nicht im Zentrum eines dichten Ballungsgebietes liegt und ein intaktes Gewässer im Wald erreichbar ist; die Larven sind an den starken Kieferzangen zu erkennen, mit denen sie Beutetiere festhalten und zum Teil auch aussaugen. Zu den Wasserkäfern gehören zahlreiche Familien mit sehr interessanten unterschiedlichen Anpassungen an das Wasserleben, was Schwimmvermögen, Atmung und Fortpflanzung betrifft. Die für uns wichtigsten, Stillwasser bevorzugenden Familien sind die von Wassertieren lebenden Schwimmkäfer (*Dytiscidae*), zu deren wohl bekanntesten Vertretern der Gelbrandkäfer (→Foto Seite 53) gehört, ferner Wassertreter (*Haliplidae*) als Pflanzensauger, Wasserkäfer (*Hydrophilidae*) und Taumelkäfer (*Gyrinidae*) als Wassertier- und Insektenjäger.

Libellen (→Fotos Seite 63 und Umschlag-Rückseite) sind die Kunstflieger im Insektenreich

Die Tierwelt des Naturteichs

und fangen ihre Beute, andere Insekten (Mükken!) im Flug, sind aber nicht in der Lage, Menschen zu stechen oder zu beißen! Ihre Larven (→Foto Seite 53) leben im Wasser und ernähren sich von Kaulquappen und Fischlarven.

Mücken stechen nicht alle. Die großen Schnaken (*Tipulidae*) und die Stelzmücken (*Limnobiidae*) sind harmlos. Sie gleichen zwar auf den ersten Blick riesigen Stechmücken, saugen jedoch lediglich Blütensäfte, während ihre Larven im Schlamm nach Nahrung graben.
Ebenso harmlos sind Zuckmücken (*Chironomidae*) und Büschelmücken (*Corethra-Arten*). Gnitzen (*Ceratopogonidae*) und Stechmücken (*Culicidae*) dagegen saugen Blut. Die blutrot schimmernden Larven der Zuckmücke leben im und vom Mulm (»Mineralisation«), wo sie bei Störung zuckende, schlängelnde Bewegungen ausführen; die Larven der Büschelmücke schweben glasartig durchsichtig waagerecht im Wasser und ernähren sich von Kleinkrebsen; die Larven der Gnitzen sind schlank und schwimmen mit schlängelnden Bewegungen, ernähren sich von anderen Mückenlarven. Stechmückenlarven (→Foto Seite 53) hängen mit ihrem vom Hinterleib ausgehenden Atemrohr unter der Wasseroberfläche und tauchen bei Störung mit schnellen Schlägen ihres Körpers ab; sie ernähren sich von Grünalgen und Kleinstlebewesen, die sie mit ihren Fühlern vor den Mund dirigieren. Von allen Mücken gibt es sehr ähnlich aussehende Puppen, die keine Nahrung aufnehmen, sich jedoch aktiv fortbewegen können.
Die Mückenlarven nehmen verschiedene Nahrung auf und erfüllen daher innerhalb der Lebensgemeinschaft dieses Biotops verschiedene Aufgaben. Stechmückenlarven leben von Algen und Kleinstlebewesen; Zuckmückenlarven fressen Substanzen, die übriggeblieben sind, zu Boden sinken und absterben; Büschelmükkenlarven halten die »Konkurrenz« der algenfressenden Wasserkrebse klein; Gnitzenlarven helfen den Gesamtbestand der Mückenlarven regulieren. Dies sind nur einige Maschen in

dem großen Netz, das den biologischen Kreislauf des Naturteiches gesund erhält, allerdings zum besseren Verständnis stark vereinfacht dargestellt. An dieser Stelle möchte ich folgendes zur »Mückenplage« am Naturteich deutlich machen: Eine Mückenplage erleben Sie höchstens bei einem frisch eingerichteten Teich, wenn sich die Larven noch ungehindert entwickeln können und keine Feinde haben. Ist der Teich »eingefahren«, wird es genug Wasserläufer und Wanzen, Freßfeinde der Mücken, geben, um eine »Plage« zu verhindern.

Köcherfliegen. Ihre Larven *(Leptocerus-Arten)* bauen sich aus den unterschiedlichsten Materialien (Sand, Laub, Steinchen, kleine Äste), die sie im Gewässer vorfinden, Wohnröhren, die nur auffallen, wenn das Tier sich mit ihnen über den Untergrund bewegt.

Es gibt noch mehr Vertreter aus der Klasse der Insekten, die ans Wasser gebunden sind, wie Schmetterlinge, Netzflügler, Hautflügler und Schlammfliegen. Ihre Biologie ist oft hochinteressant, doch können sie wegen ihrer geringen Häufigkeit oder Unauffälligkeit nicht alle hier aufgezählt werden.

Muscheln kommen nur in wenigen Arten auch in Teichen vor (zum Beispiel die Teichmuschel). Ihr Körper wird von einer zweiklappigen Kalkschale völlig geschützt; sie können sich mit einem »Fuß«, einem fleischigen Fortsatz, im Untergrund verankern. Muscheln ziehen sich durch den Teichboden, filtrieren große Mengen Wasser nach Schwebeteilchen ab und sorgen so für die Reinhaltung des Gewässers. Dabei stecken sie zu einem Drittel bis zur Hälfte im Untergrund. Wenn Sie Muscheln halten möchten, achten Sie darauf, daß der Teichboden dick genug aufgeschüttet ist. Muscheln sind unbedingt notwendig für die Fortpflanzung von Bitterlingen (→Seite 47).

Schnecken siedeln sich häufig im Teich an. Schlammschnecken (*Lymnacidae*; →Foto

Die Tierwelt des Naturteichs

Seite 53) raspeln Algen von Steinen und Pflanzen, verzehren auch absterbende Wasserpflanzen und tote Tiere am Boden; Tellerschnecken *(Planorbidae)* bevorzugen die Nahrung, die in Form von Pflanzen- und Tierresten am Boden des Teiches liegt; beide Familien kommen zum Luftschöpfen an die Wasseroberfläche, können im Winter jedoch auch über die Hautoberfläche allein atmen. Die Sumpfdeckelschnecken *(Viviparidae)*, zu erkennen an einem kleinen »Deckel«, der die Gehäuseöffnung verschließt, wenn sie ihren Körper ins Innere zurückziehen, besitzen Kiemen und kommen zum Luftschöpfen nicht an die Oberfläche; sie ernähren sich von Schwebeteilchen am Teichboden.

Moostierchen, nur 1 bis 2 mm groß, leben festgeheftet zu 2 bis 30 cm langen Kolonien vereint; typische Wuchsform im Süßwasser ist die verzweigte Kolonie, deren Einzeltiere in bräunlichen, zäh-elastischen (Chitin-)Röhren stecken; eine andere Wuchsform ist gallertartig und kann bis zu 30 cm Durchmesser erreichen. Die Einzeltiere tragen jeweils eine Tentakelkrone, mit der sie Nahrung (Kleinstalgen und -organismen) herbeistrudeln. Bei intensiver Betrachtung mit der Lupe fallen oft nur die gleichmäßig angeordneten Wohnhöhlen auf, in die sie ihre Tentakeln zurückziehen können. Diese werden erst bei nachlassender Störung wieder herausgestreckt.

Fische

Einheimische Fische für nährstoffreichere Teiche mit Jahrestemperaturen (März bis Oktober) zwischen 16 und 20° C und darüber:

Bitterling *(Rhodeus sericeus amarus)*
Familie: Karpfenfische
Länge: bis etwa 10 cm. Lebensraum: Lebt in Schwärmen in der pflanzenbewachsenen Uferregion von Flüssen, Flachlandseen und Tümpeln. Nahrung: Pflanzenteile, Würmer, Kleinkrebse, Insektenlarven (Mückenlarven!). Fortpflanzung: Kann sich nur fortpflanzen, wenn

sich im gleichen Gewässer Teich- oder Malermuscheln befinden. Hat das Männchen eine solche Muschel gefunden, verfärbt es sich. Das Weibchen legt seine Eier in die lebende Muschel, das Männchen gibt seinen Samen dazu. Die Larven entwickeln sich in der Muschel bis sie frei schwimmen können. Lebensansprüche: Wegen seiner geringen Größe für die Haltung im Naturteich gut geeignet. Er bevorzugt krautreiche, schlammig-sandige Teichböden, in deren Nähe er sich aufhält.

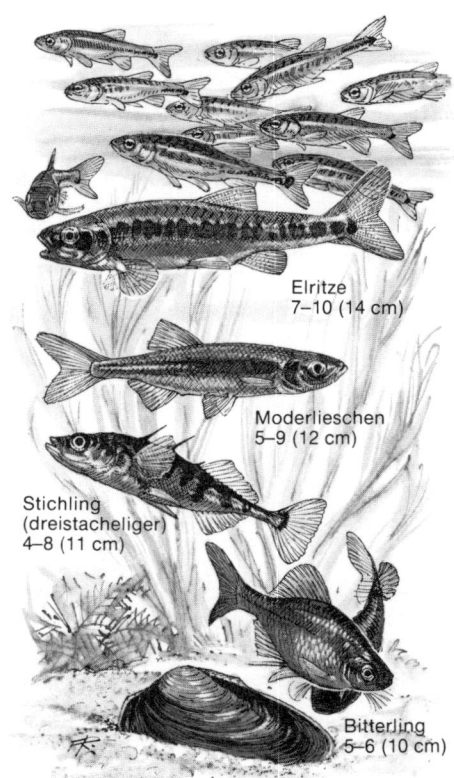

Elritze
7–10 (14 cm)

Moderlieschen
5–9 (12 cm)

Stichling
(dreistacheliger)
4–8 (11 cm)

Bitterling
5–6 (10 cm)

Fische im Naturteich. Neben der in Klammern angegebenen maximalen Körpergröße steht die Anzahl der Fische, die mindestens eingesetzt werden sollte. Beachten Sie dabei immer die Teichgröße!

Die Tierwelt des Naturteichs

Dreistacheliger Stichling *(Gasterosteus aculeatus)*
Familie: Stichlinge (→Foto Seite 54).
Länge: bis 11 cm. Lebensraum: in verkrauteten Flachlandseen, Teichen und Gräben, Wanderform in Meer- und Brackwasser. Nahrung: Eier und Larven von anderen Fischen und Amphibien, aber auch Mückenlarven. Fortpflanzung: Interessante Brutbiologie, die schon zahlreiche Verhaltensstudien veranlaßt hat. Der Fisch baut ein »Nest« am Grund des Gewässers, in das das Weibchen seine Eier legt. Das Männchen besamt die Eier, vertreibt das Weibchen und pflegt das Gelege. Lebensansprüche: Der Fisch ist eher für »Fischteiche« geeignet, wegen seiner Nahrungsansprüche für kleine Naturteiche unter 2 m² jedoch überhaupt nicht. Außerdem verhält sich das Männchen während der gesamten Brutzeit gegen Rivalen und andere Fische äußerst aggressiv. Daher sollte der Stichlingsbestand trotz starker Vermehrung gering gehalten werden.

Moderlieschen *(Leucaspius delineatus)*
Familie: Karpfenfische
Länge: bis etwa 12 cm. Lebensraum: Lebt in Schwärmen in den verkrauteten Uferzonen von Flüssen, Flachlandseen, Teichen, Gräben und Wasserlöchern. Nahrung: Kleinkrebse, Rädertierchen, Schwebealgen sowie Mücken, ihre Larven und andere Insekten. Fortpflanzung: Eier werden im April bis Juni in spiralförmigen Bändern an Pflanzen abgelegt und vom Männchen betreut. Lebensansprüche: Geeignet für Naturteiche ab 15 m² mit dichten Wasserpflanzenbeständen. Moderlieschen sind Schwarmfische, darum nicht weniger als 9 Tiere einsetzen.

Ukelei *(Alburnus alburnus)*
Familie: Karpfenfische
Länge: bis etwa 17 cm. Lebensraum: Lebt in Schwärmen im freien Gewässer in klarem Wasser von Flachland- und Vorgebirgsseen, Teichen und Flüssen. Nahrung: Kleinkrebse, Rädertierchen, Schwebealgen sowie kleine Insekten (Mücken und ihre Larven). Fortpflanzung: Laicht zwischen April und Juni am flachen kiesigen Ufer. Lebensansprüche: Bevorzugt klares Wasser. Da der Fisch die gleiche Nahrung braucht wie das Moderlieschen, darauf achten, daß die Gesamtzahl der beiden Arten nicht überhandnimmt.

Einheimischer Fisch für nährstoffarme (klare), kältere, sauerstoffreichere Teiche, vorzugsweise mit leichter Strömung und Jahrestemperaturen (März bis Oktober) zwischen 14 und 18° C:

Elritze *(Phoxinus phoxinus)*
Familie: Karpfenfische
Länge: bis 14 cm. Lebensraum: Lebt in Schwärmen in Gebirgs- und Vorgebirgsseen sowie kühlen Tümpeln in flachem Wasser mit sandigem oder kiesigem Grund. Nahrung: Krebstiere, Insektenlarven (Mückenlarven!). Fortpflanzung: Laicht zwischen April und Juli in sauberer, feinkiesiger Uferregion. Lebensansprüche: Für Naturteiche geeignet. Etwa 10 Tiere einsetzen.

**Für den Naturteich nicht geeignet:
Der Goldfisch.**
Viele Menschen mögen bei der Anlage eines Gewässers im Garten zuerst an den Besatz mit Goldfischen denken. Doch schon ein einziger Fisch dieser Art schadet dem Leben im Naturteich aus folgenden Gründen: Der Fisch, der ursprünglich aus China stammt und seit dem 17. Jahrhundert in Europa bekannt und eingebürgert ist, läßt der Kleinlebewelt keine Chance zum Überleben. Ohne Einsatz technischer Hilfsmittel wie Pumpen oder Filter, die Sie bei Ihrem Teich ja gerade nicht verwenden wollen, braucht ein einziger Goldfisch von 15 cm Länge mindestens 700 Liter Wasser, um sich »selbst versorgen« zu können. Das heißt, diese Wassermenge könnte unter günstigen Bedingungen gerade genügend Nahrung für ihn produzieren und den anfallenden Schmutz ab-

bauen. Mehr Fische in dieser Wassermenge würden Ihren Teich unweigerlich zu einem der »Katastrophenteiche« machen, die mir aus meiner beruflichen Beratungspraxis leider nur zu bekannt sind (Wasser dauernd trüb, Algenblüte, Fischsterben).

Die zahlreichen Zuchtformen des Goldfisches, wie »Teleskopauge«, »Schleierschwanz« oder »Löwenkopf« gehören in ein Aquarium, aber nicht in einen Naturteich. Sie sind besonders anfällig für Außenparasiten und zahlreiche Erkrankungen, die dann auch auf andere, robustere Karpfenfische übergehen (Bauchwassersucht →Seite 66).

Amphibien (Lurche)

Eine genaue wissenschaftliche Artbeschreibung kann aus Platzgründen nicht erfolgen. Entsprechende Bestimmungsliteratur (→Seite 69) tut hier bessere Dienste. Dort erfahren Sie auch Näheres über Variationsbreiten im Farbmuster einzelner Tiere oder Rassen.

Die Reihenfolge der Aufzählung entspricht derjenigen auf Seite 41.

▽ = in Deutschland vom Aussterben bedroht;
** = unter besonderem Naturschutz, laut Bundesartenschutzverordnung von 1980.

Kreuzkröte *(Bufo calamita)** ▽*

Länge: bis 8 cm. Lebensraum: lockerer, sandiger Untergrund im Flachland, in wärmeren Regionen auch höher als 500 m über NN. Die Kröte versteckt sich in der Regel tagsüber in Erdlöchern, ist vorwiegend nachtaktiv, doch auch tagsüber zu beobachten, wenn ihr Lebensraum ungestört bleibt. Sie überwintert an Land in tieferen Erdlöchern, unter Wurzeln oder Steinen. Die Kröte fällt dadurch auf, daß sie wie ein Säugetier auf allen Vieren läuft, statt »artgemäß« zu hüpfen. Nahrung: bodenlebende Kerbtiere, Schnecken, Würmer. Paarungsverhalten und Fortpflanzung: Sucht im April bis Mai das Laichgewässer auf, wo die Männchen ein lautes knarrendes Laichkonzert veranstalten. Ihre Eischnüre (in gallertige Stränge eingebettete Eier) legt sie in kleinste

Pfützen ohne große Tiefe ab. Lebensansprüche: Die Kröte muß sich ohne Mühe Verstecksplätze (Erdlöcher) graben können, die inmitten eines stark besonnten Jagdgebietes liegen. Der Bewuchs sollte hier schütter, steppenähnlich sein (Magerwiese!). Ist Baum- und Buschbestand vorhanden, darf dieser die Besonnung des Bodens nicht wesentlich behindern (Krüppelkiefern, Wacholder). Vorteilhaft sind eingestreute Kahlflächen wie Steinbeete oder Kiesfelder. Zum Laichen braucht die Kröte ein ganztägig besonntes Gewässer von etwa 5 bis 20 cm Tiefe. Zur Not genügt ihr auch ein kahler, vom Untergrund her möglichst bewuchsfreier Uferstreifen, doch legt sie ihre Eier lieber in frische, flache wasserhaltende Aufgrabungen von etwa 30×100 cm im Uferbereich.

Wechselkröte *(Bufo viridis)** ▽*

Länge: etwa 9 cm. Lebensraum: lockerer, sandiger Untergrund im Flachland bis etwa 500 m über NN, in günstigen Lagen darüber. Die Kröte gräbt sich tagsüber in Erdlöcher ein. Überwiegend nachtaktiv. Überwintert an Land. Nahrung: bodenlebende Kerbtiere, Schnecken, Würmer. Paarungsverhalten und Fortpflanzung: Besucht das Laichgewässer je nach Höhenlage im April, Mai oder Anfang Juni, wo die Männchen dem Grillenruf ähnliche, relativ gedämpfte Konzerte veranstalten. Legt mehrere Tausend Eier in Schnüren ab. Lebensansprüche: Die Kröte muß Gelegenheit haben, sich in Erdlöcher inmitten eines stark besonnten, warmen, trockenen, kaum beschatteten Jagdgebietes einzugraben (trockenes Steinbeet, »Heidelandschaft«, »Steppenrasen«). Der Uferbereich des Laichgewässers muß sonnenbeschienen und schütter, krautig bewachsen sein, dabei Sichtschutz bieten. Wassertiefe zwischen 15 und 30 cm.

Geburtshelferkröte *(Alytes obstetricans)** ▽*
(→Foto Seite 17)
Länge: etwa 5 cm. Lebensraum: sonniges, hügeliges Land zwischen 300 und 500 m über NN, gelegentlich auch tiefer. Die »Kröte« ist fast

Die Tierwelt des Naturteichs

ausschließlich nachtaktiv, legt auf der Jagd kaum mehr als 10 m zurück. Überwintert an Land. Nahrung: Kerbtiere, Schnecken, Würmer. Paarungsverhalten und Fortpflanzung: Die Tiere paaren sich an Land in ihren Höhlen. Sie finden sich, indem *beide* Geschlechter wie ein helltönendes Glöckchen aus den Verstecken rufen. Die Weibchen übergeben ebenfalls an Land ihre Laichschnüre mit den relativ großen, gelblichen Eiern den Männchen. Diese wickeln sich die Schnüre um die Hinterbeine und benetzen sie im Laichgewässer (der deutsche Name stammt von dieser Art Brutfürsorge). Die Larven schlüpfen im Sommer im Wasser. Die Paarungszeit dauert mehrere Monate, das Weibchen gibt mehrfach Eischnüre ab. Lebensansprüche: Die »Kröte«, wie die Unke ein Scheibenzüngler, braucht als Umgebung eine offene Landschaft (Steinbeete, Steinhalden, Trockenmauern, »Steppenrasen«) oder sandige, lehmige Hänge, in denen sie sich vergräbt oder wo sie unter Steinen Deckung findet (gewöhnlich nahe dem Laichgewässer). Dabei ist sie verhältnismäßig unempfindlich gegen Trockenheit. An das Laichgewässer stellt sie wegen der bereits an Land weitgehend abgeschlossenen Brutfürsorge keine besonderen Ansprüche. Eine gute Besonnung scheint jedoch von Vorteil zu sein. Eine ausreichende Tiefe von etwa 1 m verhindert das Einfrieren der Larven, die am Grund überwintern.

Springfrosch *(Rana dalmatina)*** ▽

Länge: Männchen etwa 7 cm, Weibchen etwa 8 cm. Lebensraum: *bodenfeuchte* (nicht nasse!) »Sonnenfleckinseln« in busch- und baumreicher Umgebung zwischen 0 und nicht wesentlich mehr als 300 m über NN. Der Frosch ist tag- und nachtaktiv. Er überwintert manchmal unter Wasser. Dank der langen Hinterbeine vollführt er hohe Sprünge bis zu 2 m Weite. Nahrung: Kerbtiere. Paarungsverhalten und Fortpflanzung: Besucht das Laichgewässer im März oder April, wo die Männchen relativ leise rufen. Der Laich wird in Ballen unter der Wasseroberfläche an den Bewuchs oder versunke-

nes Astwerk geheftet. Lebensansprüche: *Niemals künstlich einsetzen, sondern auf Zuwanderung warten!* Lebt auf kurzem Bodenbewuchs, in unmittelbarer Nähe von etwa 30 cm hohen Gras-, Kraut- und Buschbeständen (auch totem Reisig), wohin er sich mit sicherem Sprung flüchten kann. Das Laichgewässer sollte stellenweise besonnt, 10 bis 30 cm tief und nur schütter bepflanzt sein.

Der Grasfrosch braucht zum Verweilen ein großes Grundstück.

Grasfrosch *(Rana temporaria)*

Länge: bis etwa 10 cm. Lebensraum: Flachland und Gebirge auf feuchten (nicht nassen!), grasbewachsenen, besonnten Flecken im Schatten von Bäumen und Sträuchern. Jagt in Revieren von etwa 30 m Durchmesser, wandert leicht ab; lebt im Sommer zwischen 100 und 1400 m vom Gewässer entfernt. Tag- und nachtaktiv. Überwintert meist unter Wasser. Nahrung: Insekten aller Art. Paarungsverhalten und Fortpflanzung: Besucht das Laichgewässer in wärmeren Regionen bereits Ende Februar, im Gebirge im April, wo die Männchen ihre Anwesenheit durch lautes »Knurren« anzeigen. Die Tiere laichen häufig in Gesellschaft, was während der Paarungszeit zu lauten Froschkonzerten in der Nacht führen kann. Sie heften dicke Laichklumpen an Fallaub, Zweige und Wasserpflanzen (→Foto Seite 17). Lebensansprüche: *Verzichten Sie auf künstliche Besiedelung,* wenn kein ausreichendes Umland um den Teich vorhanden ist (→Lebensraum). Als Laichgewässer bevorzugt der Frosch 5 bis 15 cm Tiefe, vor allem im zeitigen Frühjahr besonnte Uferpartien. Unter ungünstigen Ernährungsbedingungen oder bei später Laichabgabe kann es geschehen, daß Larven im Weiher überwintern. Daher ist es gut, wenn dieser dank ausreichender Tiefe (80 bis 100 cm) nicht durchfrieren kann.

Erdkröte *(Bufo bufo)*

Länge: Männchen bis etwa 8 cm, Weibchen bis etwa 13 cm. Lebensraum: Flachland und bis 2000 m über NN, wo schattenreiche, zugleich gut durchsonnte Bepflanzung vorherrscht. Sommerquartiere an den Rändern von kraut- und buschreichen Waldlichtungen auf trockenem (!) Untergrund. Die Kröte überwintert in Erdhöhlen und unter Baumstümpfen an Land. Sie legt bei der Jagd normalerweise Strecken von etwa 60 m zurück. Nahrung: Kerbtiere, Schnecken, Würmer. Paarungsverhalten und Fortpflanzung: Ist durch Geburt an das Laichgewässer gebunden, wo sich die paarungswilligen Kröten im März oder April zusammenfinden (→Zeichnung) und die Männchen sehr dezente Laichkonzerte veranstalten. Die Weibchen wickeln ihre Laichschnüre um senkrechte Stengel oder Äste. Lebensansprüche: Da die Weibchen sich nach der Laichabgabe bis über

Das kleinere Erdkrötenmännchen umklammert das Weibchen bereits auf der Wanderung zum Laichplatz.

2 km vom Gewässer entfernen können, dürfen Erdkröten nur angesiedelt werden, wenn in unmittelbarer Nachbarschaft (bis zu 2 km Entfernung) ein geeigneter Lebensraum (Waldrand) vorhanden und gefahrlos, ohne Straßenüberquerung erreichbar ist. *Warten Sie daher auf eine natürliche Einwanderung, wenn Sie in der Beurteilung der Gegebenheiten unsicher sind!* Das Laichgewässer sollte im Uferbereich etwa 15 bis 35 cm tief sein. Für die Laichablage eignen sich sowohl ins Wasser hängende Äste, Ranken und Wurzeln als auch Wasserpflanzen und versunkene Zweige. Die Besonnung der Uferpartie scheint keine wesentliche Bedeutung zu haben, doch ist es ratsam, für eine teilweise Besonnung zu sorgen.

Bergmolch *(Triturus alpestris)***

Länge: Männchen bis etwa 8 cm, Weibchen bis etwa 11 cm. Lebensraum: Wie der Name sagt, kommt dieser Molch *auch* im Gebirge über 2000 m über NN vor. In größeren Höhen sucht er teilweise besonnte Gewässer auf. Im Flachland ist er an beschattete, kühl bleibende Gewässer, nicht über 18° C (!), gebunden. Im Mai bis Juni in Versteckplätzen unter morschen Baumstümpfen, dicken Mooslagen oder Steinen oft nur wenige Meter vom Ufer entfernt. Auch hier ist er darauf angewiesen, daß das Klima im Unterschlupf ähnlich kühl ist wie im Wasser. Der Molch bleibt oft den ganzen Sommer über an sein Versteck gebunden und kann erst im Herbst abwandern. Im Gegensatz zu den Kröten und meisten Fröschen bleibt er mehrere Monate im Wasser. Tag- und nachtaktiv. Manche Tiere überwintern auch im Wasser, viele an Land. Nahrung: im Wasser angewehte Kerbtiere und deren Larven, Wasserflöhe und Würmer, an Land Kerb- und Weichtiere. Paarungsverhalten und Fortpflanzung: Zwischen Februar und Mai bewohnen die Molche, die keine Laute äußern können, die Laichgewässer und heften ihre Eier an Wasserpflanzen oder Fallaub. Lebensansprüche: Wegen der Abwanderung im Herbst muß ein gefahrlos ohne Straßenüberquerung erreichbares

Umland vorhanden sein, wo sie vergleichbar gut aufgehoben sind (Nachbargrundstücke!). Das Klima im Unterschlupf (etwa 2 bis 5 m vom Wasserrand entfernt) muß ähnlich kühl sein wie im Wasser. Wenn die Temperatur von Teich und Umgebung wesentlich und längere Zeit – über 22° C und mehr als drei Wochen lang – höher liegt, sollten Sie unbedingt auf einen Besatz mit Bergmolchen verzichten, auch wenn es die Art zum Beispiel im nahen kühleren Wald noch gibt. Bergmolche können ein für sie ungünstiges Klima kaum lange überleben.

Fadenmolch *(Triturus helveticus)*
Länge: Männchen bis etwa 7 cm, Weibchen bis etwa 9 cm. Lebensraum: Laub- und Mischwälder, selten Fichtenwälder, in schattigen, hügeligen Lagen, nicht weit oberhalb 1000 m über NN. Der Molch versteckt sich gern unter modernden Baumstümpfen, deren Schutz er während des Sommers sucht. Tag- und nachtaktiv. Überwintert an Land. Nahrung: im Wasser angewehte Insekten, Kerbtierlarven, Kleinkrebse, an Land kleine Spinnen und Kerbtiere. Paarungsverhalten und Fortpflanzung: Sucht das Laichgewässer im März auf, wo er bis Juni bleibt. Heftet die Eier an Kräuter, Pflanzen oder Fallaub unter Wasser im Uferbereich. Lebensansprüche: Für den künstlichen Besatz gelten die gleichen Bedingungen wie für den Bergmolch (→Seite 51). Das Gewässer muß kühl sein (nicht wesentlich und anhaltend über 18° C!), im Hügelland darf es teilweise besonnt sein, im Flachland dagegen soll es ausgesprochen schattig liegen, ebenso wie die oft nah am Ufer eingerichteten Sommerquartiere (Abstand vom Teich etwa 2 bis 5 m). Die Gewässertiefe ist ohne Bedeutung, allerdings sollen im Uferbereich Kräuter und Pflanzen wachsen.

Feuersalamander *(Salamandra salamandra)*
Länge: bis 20 cm. Lebensraum: ausschließlich Waldgebiete. Nachtaktiv, bei feuchter, kühler Witterung auch am Tag zu sehen. Überwintert in der Erde unter größeren Stämmen oder Steinen und in tieferen Höhlen. Nahrung: Kerbtiere, Würmer, Schnecken. Paarungsverhalten und Fortpflanzung: Die Paarung der Feuersalamander erfolgt an Land; das Laichgewässer wird vom Weibchen nur sehr kurzfristig zum Absetzen bereits fortentwickelter Larven aufgesucht. Nach der Gestaltumwandlung wandern die jungen Salamander bis über 900 m ins bewaldete Umland (!), um ein Revier für die zukünftigen Jahre zu finden. Lebensansprüche: *Kein künstlicher Besatz möglich.* Der Feuersalamander wird nur in ausgesprochenen Waldrandlagen zuwandern (→Lebensraum, Fortpflanzung). Er siedelt sich *freiwillig* an, wenn er modernde Baumstämme oder Wurzeln, Steine oder tiefere Erdhöhlen in feuchter (nicht nasser!) Umgebung geboten bekommt. Sein Jagdgebiet hat weniger als 120 m Durchmesser. Besondere Ansprüche an das Laichgewässer bestehen nicht.

Gelbbauchunke *(Bombina variegata)*** ∇
(→Foto Seite 17)
Länge: bis 5 cm. Lebensraum: Hügelland zwischen 100 und 1600 m über NN; kleinste Wasserstellen wie beständige Pfützen, wassergefüllte Wagenspuren oder kleine Tümpel. Ihre bevorzugten Gewässer liegen in nur locker und niedrig (oft bis 30 cm) bewachsener Umgebung und sind tagsüber besonnt. Die Unke bleibt etwa von April bis Oktober im Laichgewässer. Überwintert an Land unter Baumstämmen, Wurzeln oder Steinen. Tagaktiv. Bei Störung macht die Unke ein »Hohlkreuz«, dreht sich auf den Rücken und zeigt ihre Warnfärbung. Ihre sekretreiche Haut macht sie für Verfolger wenig schmackhaft. Nahrung: anfliegende Insekten (Mücken, die zur Eiablage kommen), Insektenlarven. Paarungsverhalten und Fortpflanzung: Bezieht im April das stark besonnte Laich/Wohngewässer, wo die paarungswilligen Männchen *leise* Rufe ausstoßen. Diese Lautäußerungen halten Rivalen auf Distanz (etwa 50 cm), wodurch Überbesiedlung von Kleinstgewässern vermieden wird. Verdrängte Männchen suchen die weniger geschätzten Uferpar-

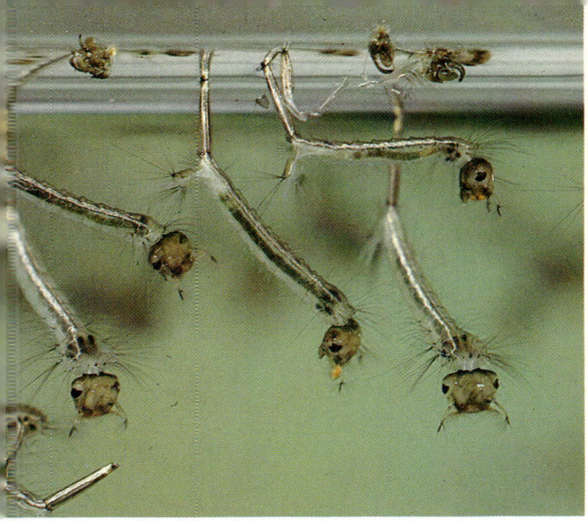
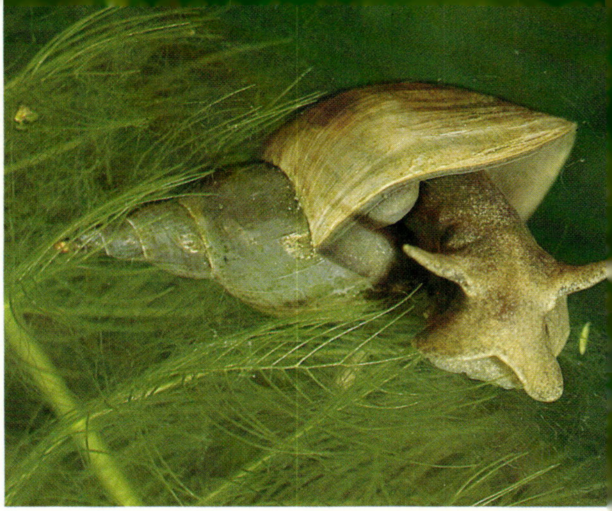
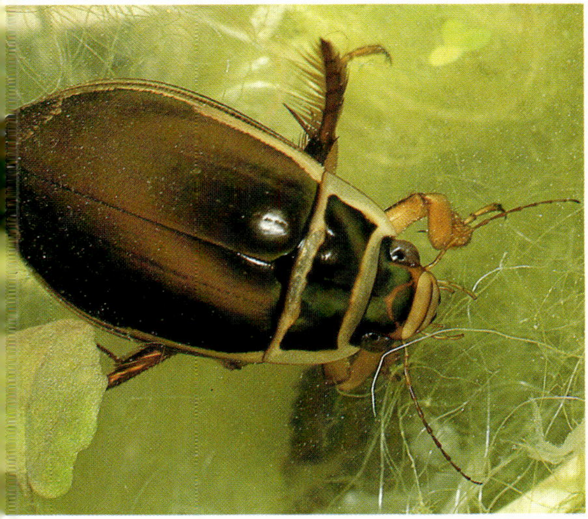
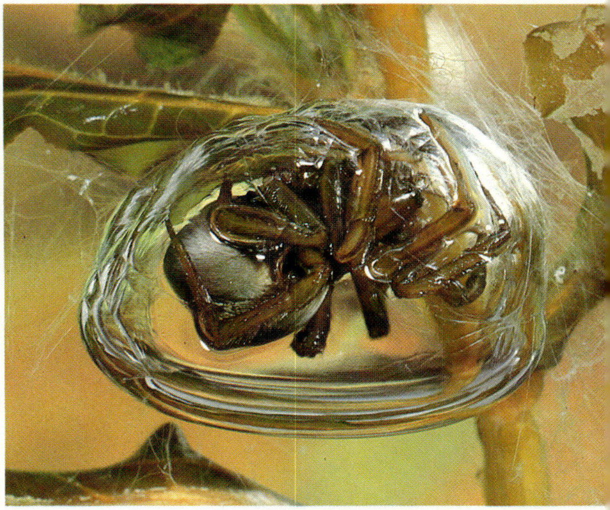
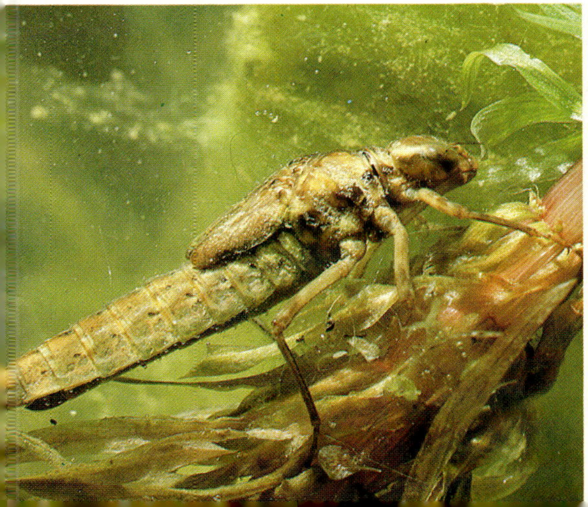
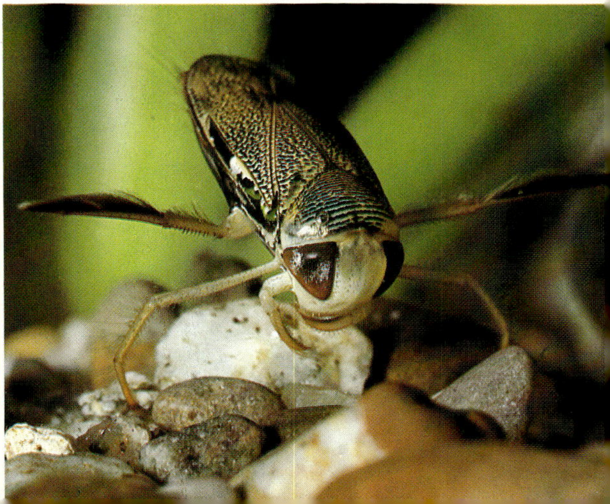

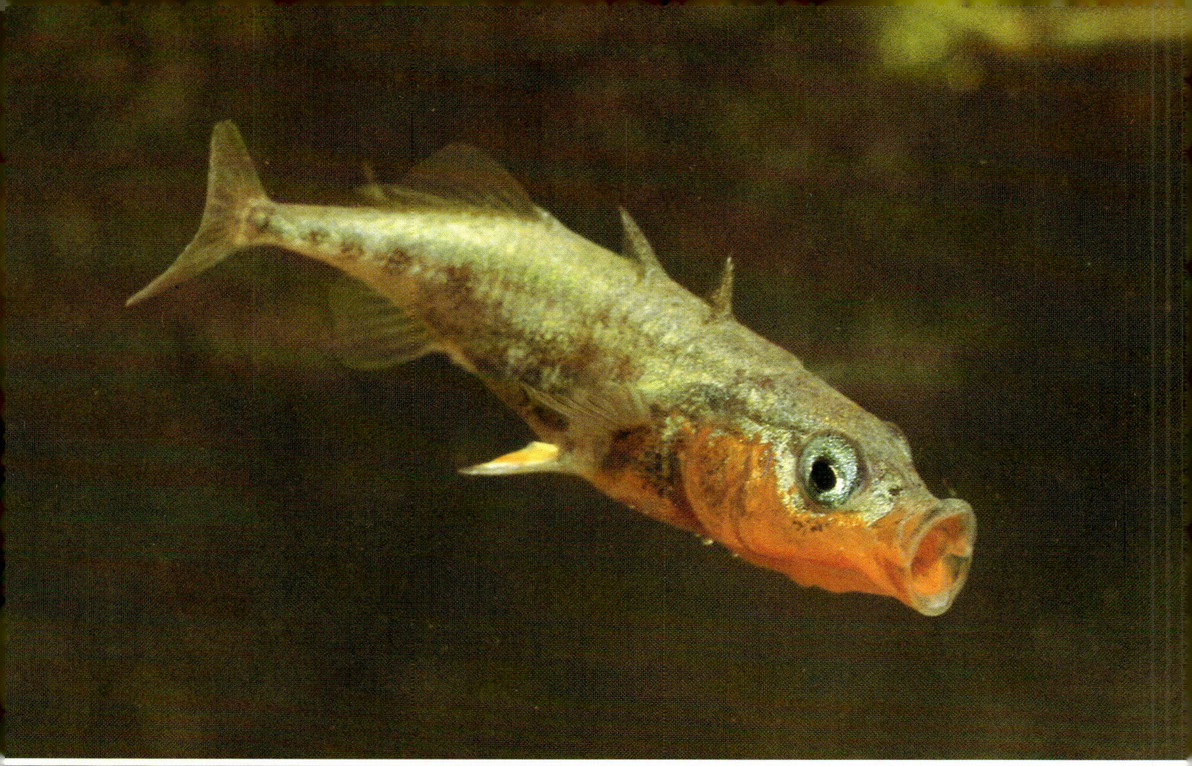

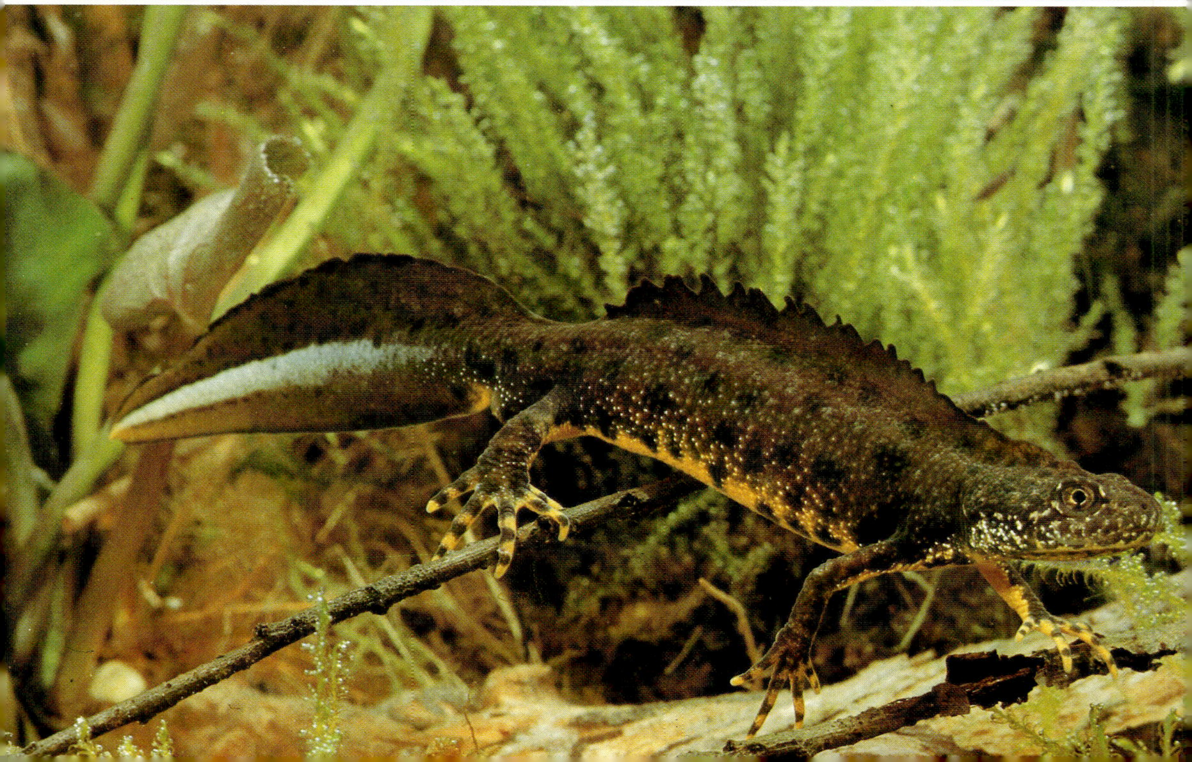

◁ Wasserbewohner des Naturteichs.
Oben: Stichling im leuchtenden Laichkleid;
unten: Männchen vom Kammolch.

tien des Teichs auf, manche neigen zum Abwandern. Die Eiklümpchen werden an Steine, Hölzer, Äste und Fallaub geheftet. Lebensansprüche: Da die Unke kleine Gewässer bevorzugt, sollten Sie im Uferbereich zahlreiche kleine (30 mal 100 cm) voneinander abgetrennte Wasserstellen einrichten (→Lebensraum). Das Laichgewässer selbst sollte weitgehend frei sein von Wasserpflanzen, jedoch für die ruhenden Tiere durch überhängende Grasbüschel oder Wurzelteile Deckung bieten. Für die Eiablage ist eine Wassertiefe von 7 bis 15 cm notwendig.

Rotbauchunke (*Bombina bombina*)**
Länge: bis 5 cm. Lebensraum: Diese Unke ist sozusagen die »Flachlandform« der Gelbbauchunke, ist jedoch eine eigene Art. Sie kommt nur auf Hügeln bis 100 m über NN vor. Meidet Kleinstgewässer, schätzt feuchte Umgebung (»Naßwiese«) und möglichst ganztägige Besonnung. Bewohnt das Laichgewässer von April bis Oktober. Überwintert im Erdboden. Tagaktiv. Nahrung: anfliegende Insekten (Mücken, die zur Eiablage kommen), Insektenlarven. Paarungsverhalten und Fortpflanzung: Die Männchen zeigen ihre Paarungsbereitschaft ab April durch *leise* Rufe an, mit denen sie die Weibchen anlocken, Rivalen aber auf etwa 1 bis 1,50 m Abstand halten. Lebensansprüche: Naturteiche des in diesem Buch beschriebenen Typs sind für einen künstlichen Besatz gut geeignet. Das stark besonnte Laich/Wohngewässer sollte im Uferbereich zwischen 5 und 15 cm tief und leicht verkrautet sein. Doch bei Besatz sollte die oben erwähnte Besiedlungsdichte bedacht werden, sonst beginnt sofort eine Abwanderung der verdrängten Tiere. Wegen des Auftretens von Abwanderungen muß die Umgebung geeignet sein, Tiere aufzunehmen.

Wasserfrosch (»*Rana esculenta*«)
(→Foto Umschlag-Rückseite)
Der wissenschaftliche Name steht in Anführungszeichen, um zu verdeutlichen, daß es sich

hier um einen Bastard handelt, der vom See- und Teichfrosch abstammt.
Länge: Männchen bis etwa 7 cm, Weibchen bis 9 cm. Lebensraum: offene und sonnenbeschienene Gewässer im Flachland bis etwa 500 m über NN. Hält sich von März bis Oktober im Laich-/Wohngewässer auf, überwintert im weichen Uferbereich vergraben oder im Mulm des Gewässerbodens. Tag- und nachtaktiv. Nahrung: anfliegende Insekten. Paarungsverhalten und Fortpflanzung: Zur Fortpflanzungszeit (Ende April bis Juni) versammeln sich die Männchen und veranstalten *anhaltende* und *laute* Rufkonzerte. Der Laich wird an Schwimmpflanzen abgelegt (→Lebensansprüche). Lebensansprüche: Für einen Besatz mit Wasserfröschen sollte das Laich/Wohngewässer nicht weniger als 6 m Durchmesser und eine Mindesttiefe von 40 cm haben. Hier empfehlen sich Fertigteiche aus Kunststoff mit steilen Wänden. Das Grundstück sollte ebenso großzügig bemessen sein wie der Teich, denn der Frosch ist empfindlich gegen Störungen und taucht ab, sobald man sich ihm zu sehr nähert. Günstig sind Grasland und niedere Kräuter in der Umgebung, ungünstig Baum- und Buschbestand. Der Frosch braucht eine dichte, tragfähige Uferbepflanzung im Wasser. Auch Seerosenblätter sind geeignet und geben auch den Laichballen Halt. Bei Überbesiedlung oder -vermehrung oder anderen ungünstigen Lebensumständen, wandert der Frosch plötzlich ab. Daher sollten in der näheren Umgebung von bis 2 km entweder Wasserfrösche natürlicherweise vorkommen oder überleben können.

Kammolch (*Triturus cristatus*)**
(Foto gegenüber)
Länge: Männchen bis 13 cm, Weibchen bis etwa 16 cm. Lebensraum: Im Norden Flachland, im Süden Hügel oder Höhenlagen bis 500 m über NN; manche ab September an Land unter Baumstämmen, Wurzeln oder Steinen im weichen, feuchten Untergrund, andere erst ab Oktober in tieferen Verstecken, wie oben, sonst im Wasser. Jungtiere wandern,

Die Tierwelt des Naturteichs

wenn das Umland bodenfeucht ist, etwa 1 bis 3 km von einer Wasserstelle zur anderen. Tag- und nachtaktiv. Nahrung: im Wasser Insekten, Insektenlarven, Kleinkrebse, Würmer; an Land Spinnen, Kerbtiere, Würmer. Paarungsverhalten und Fortpflanzung: Der Molch hat keine Stimme. Zur Fortpflanzung bildet das Männchen über dem Rückgrat einen hochstehenden, ausgefranst erscheinenden Hautsaum aus (Hautkamm, daher der deutsche Name). Die Eier werden an Unterwasserpflanzen abgelegt. Lebensansprüche: Der Teich muß an einer Stelle mindestens 16 cm tief, krautreich bewachsen und gut besonnt sowie über 8 m² groß sein. Unterwasserpflanzen (Laichkräuter und Tausendblattarten, →Seite 35) sind für die Eiablage wichtig. Außerhalb der Laichzeit brauchen die Molche ein geeignetes Versteck unter Baumstämmen, Ästen oder Wurzeln.

Moorfrosch *(Rana arvalis)***

Länge: bis etwa 7 cm. Lebensraum: Tiefland selten höher als 300 m über NN; nasse Wiesen und Moore. Tag- und nachtaktiv. Überwintert im Mulm auf dem Grund des Gewässers, aber auch im weichen Erdreich vergraben an Land. Nahrung: anfliegende Insekten. Paarungsverhalten und Fortpflanzung: Die Männchen veranstalten zur Laichzeit im März und April Rufkonzerte bescheidener Lautstärke, sie halten sich in dieser Zeit gern in Gesellschaft ihresgleichen auf. Die Weibchen legen ihre Laichballen häufig auf überschwemmten Wiesen ab. Lebensansprüche: Die Größe des Gewässers ist nicht so bedeutungsvoll, schon 2 m² Wasserfläche genügen. Die freie Wasserfläche des Teichs muß in einen breiten Sumpfgürtel übergehen, der mindestens die Hälfte des Gesamtuferumfangs in einer Breite von 4 bis 5 m einnehmen sollte. Hier sollten Grasbüschel oder Binsen wachsen, zwischen denen kleine Wasserlöcher frei bleiben. Die Uferpartien, wo die Männchen ihre Rufkonzerte veranstalten, sollten 5 bis 30 cm tief, reich verkrautet und besonnt sein. Es ist gut, wenn die Vegetation im Laichbereich kurz ist.

Laubfrosch *(Hyla arborea)***
(→Foto Seite 64)

Länge: bis etwa 5 cm. Lebensraum: bis zu 500 m über NN; tagsüber gern unter niederem, ganztags von der Sonne beschienenem Gehölz (Weiden, Birken, Erlen) in der Verlandungszone eines Gewässers, besser noch im flachen Wasser selbst. Dabei erklimmt der Frosch, dank seiner Haftscheiben an den Zehen, auch Äste, um sich der vollen Sonne auszusetzen. Überwintert an Land, im weichen Grund unter dicken Moospolstern, verrottenden Stämmen und Wurzeln oder in Steinhöhlen. Nachtaktiv. Nahrung: Insekten, Würmer, Schnecken. Paarungsverhalten und Fortpflanzung: Die Männchen versammeln sich zur Paarungszeit von März bis Juni in kleineren Gruppen, um nachts unüberhörbare Laichkonzerte zu veranstalten, die unter anderem dazu dienen, Rivalen auf etwa 10 cm Abstand zu halten. Die Weibchen legen Laichklumpen von etwa 3 bis 4 cm Größe ab. Lebensansprüche: Die Größe des Gartenteichs spielt keine Rolle, er sollte aber einen flachen 5 bis 15 cm tiefen Uferbereich in unmittelbarer Nähe von niedrigem Gehölz oder Sträuchern haben. Wenn diese Sträucher nicht im Wasser stehen, genügt auch eine Entfernung von 1 bis 2 m vom Ufer. Dabei sollte zwischen Ufer und Strauchbestand eine Feuchtwiese liegen.

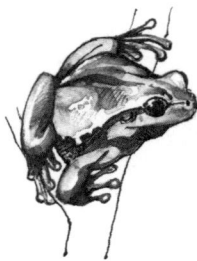

Der Laubfrosch kann dank seiner Haftscheiben an den Zehen auch senkrecht stehende Äste und Pflanzen erklimmen.

Die Tierwelt des Naturteichs

Teichmolch *(Triturus vulgaris)***
(→Foto Umschlag-Rückseite)
Länge: bis etwa 11 cm. Lebensraum: in Deutschland bis in etwa 1100 m über NN in stillen Gewässern aller Art und Größe, wenig spezialisiert. Sucht ab Juni/Juli Verstecke unter Fallaub, modernden Stämmen und Wurzeln, Steinen und Moospolstern in der Umgebung des Gewässers auf, wo er auch tief eingegraben frostsicher überwintert. Nachtaktiv. Nahrung: Spinnen, Kerbtiere, Würmer. Paarungsverhalten und Fortpflanzung: Der stumme Molch sucht das Laichgewässer ab Februar bis Juni/Juli auf. Die Weibchen heften ihre Eier an Wasserpflanzen, zur Not genügen auch Fallaub oder Steine. Lebensansprüche: Ihm genügt schon ein Gewässer von 200 l Inhalt und 5 bis 40 cm Tiefe, allerdings sollte es weder extrem besonnt noch beschattet sein. Beschattung während der Mittagsstunden (von etwa 11 bis 15 Uhr) ist günstig (hemmt zusätzlich die Algenbildung). In höheren Lagen ist längere Morgenbesonnung gut für die Wassertemperatur, die über 18° C betragen sollte. Das Teichwasser sollte krautreich sein, versunkene Wurzeln und Äste eignen sich gut als Verstecke.

Gäste aus der Reptilienwelt

Ich will nur kurz auf den möglichen Besuch von Schlangen eingehen, da Schlangen sich nicht »einsetzen« lassen und ebenso wie Schildkröten im Teich wohl nur von ausgesprochenen Liebhabern erwünscht sind. So kann eine ausgewachsene Schildkröte in einem Teich von 4 bis 5 m² im Nu den gesamten Tier- als auch einen Teil des Pflanzenbestandes auffressen.

Ringelnatter *(Natrix natrix)*
(→Foto Seite 17)
Länge: 80 bis 120 cm. Lebensraum: Jagt in Gewässernähe oder im Wasser nach Amphibien oder Fischen. Wenn diese fehlen, geht sie wegen des von ihr bevorzugten Kleinklimas am Wasser auch auf Jagd nach jungen Mäusen. Versteckt sich in größeren Höhlungen an Land unter Wurzeln, Stämmen oder Steinplatten.

Tagaktiv. Überwintert im Boden vergraben.
Nahrung: Amphibien, Fische, junge Mäuse.
Fortpflanzung: Vergräbt die Eier in sonnenbeschienener Erde, am liebsten in warmen Komposthaufen. Die Jungen tauchen oft gegen Juni auf, haben bei Verlassen des Eies eine Länge von etwa 15 bis 18 cm und sind bleistiftdünn. Die Ringelnatter ist eine *harmlose* Schlange. Sie beißt fast nie einen Menschen, auch nicht bei Störung, entleert jedoch einen stark riechenden, gräulich gefärbten pastosen Inhalt aus der Kloake (Afteröffnung) als Abwehrmittel. Auch kann sie sich totstellen, das heißt, sie verwindet »verknotet« sich und legt sich zum Teil auf den Rücken.

Kreuzotter *(Vipera berus)*
Länge: etwa 60 cm. Lebensraum: Bevorzugt die Nähe von Gewässern wegen des feuchten Kleinklimas, aber auch wegen des reichlichen Amphibienvorkommens. Jagt auch Mäuse, indem sie Wühlgänge und Nester durchsucht. In Höhenlagen und in der kühlen Jahreszeit vorwiegend tagaktiv, in tieferen Lagen und zur wärmeren Jahreszeit eher dämmerungsaktiv.
Nahrung: Amphibien, Mäuse. Fortpflanzung: Bringt lebende Junge zur Welt, die nach der Geburt ausschwärmen und sich ein neues Jagdgebiet suchen.
Die Gefahr durch Kreuzottern: Diese einzige bei uns heimische Giftschlange ist in ihrem Bestand stark gefährdet und taucht nur selten in naturnah gelegenen Gärten mit feuchten Winkeln auf. Ob Sie in einem Kreuzottergebiet leben, erfahren Sie von der Unteren Naturschutzbehörde, von Angestellten naher naturwissenschaftlicher Museen, Naturschutzverbänden oder der Forstverwaltung.
Der Gartenteich lockt nicht zwangsläufig Kreuzottern an; in Kreuzottergebieten kann die Schlange in jedem Garten auftauchen. Wenn eine Kreuzotter ihr Quartier in Ihrem Garten aufschlägt, wird sie auch außerhalb des Grundstücks jagen, die Jungen werden nicht bleiben, denn selbst ein Grundstück von etwa 1000 m² kann einer einzigen Kreuzotter auf

Die Tierwelt des Naturteichs

Dauer höchstens einen Teil der notwendigen Nahrung liefern.

Erschlagen Sie keine Kreuzottern! (Es würde ohnehin bald eine neue – an anderer Stelle! – zu ungewisser Zeit wieder auftauchen.) Beobachten Sie die Lebensgewohnheiten der Schlange am Tage. Wahrscheinlich bleibt sie zu bestimmten Stunden auf ihrem festen Sonnenplatz, ohne sich zu rühren, anschließend wandert sie wieder in ihr Versteck ab oder geht auf Jagd, je nach Jagderfolg ein- bis zweimal alle 14 Tage. Auf jeden Fall kehrt sie immer zu ihrem festen Ruheplatz und Versteck zurück. Sie gestalten den Garten am besten so, daß ein ausreichend großer, kahler, kurzgeschorener Rasen zu Ihrer Nutzung bleibt. Hier können Sie die Schlange bemerken und sie immer wieder verscheuchen. Sie brauchen keine Angst zu haben, denn die Schlange kann nicht springen. Gummistiefel schützen Sie in jedem Fall sicher vor einem Biß. Bepflanzen Sie den Randbereich des Teichs für die Schlange deckungsreich mit höheren Gräsern und locker verteilten niederen Sträuchern (bis 30 cm Höhe). Durch die anhaltenden Störungen auf dem kurzgeschnittenen Rasen wird der Schlange der Aufenthalt tagsüber dort schnell verleidet. Sie zieht sich in die störungsfreie Zone zurück – verläßt das Grundstück eventuell sogar vollkommen – und kommt höchstens nachts ins Freie, wenn sie nicht gestört wird und auch niemanden gefährdet. Erkundigen Sie sich immerhin nach naheliegenden Krankenhäusern, Ärzten und Apotheken, die Serum vorrätig halten, um im Gefahrenfall nicht lange suchen zu müssen.

Zur Beruhigung: Das Gift der Kreuzotter ist *relativ* schwach. Gesunde Erwachsene kommen in der Regel ohne eine Serumbehandlung aus, beziehungsweise haben 6 bis 10 Stunden Zeit, um sich behandeln zu lassen. Kleinkinder und Hunde sind stärker gefährdet. In jedem Fall sollten Sie so rasch wie möglich einen Arzt aufsuchen. Abenteuerliche Selbstheilungsversuche, wie Aufschneiden der Wunde, sollten Sie unterlassen, denn Sie könnten den Schaden nur vergrößern. Bedenken Sie bei alledem: Jedes Jahr ereignen sich wesentlich mehr Vergiftungen im Haushalt mit Medikamenten, Haushaltschemikalien, verdorbenen Nahrungsmitteln und Genußmitteln. (In der Schweiz waren es 1980, nach Mitteilung des Schweizerischen Toxikologischen Informationszentrums im Jahre 1982, 7 Unfälle mit Giftschlangen, wobei dort noch die giftige Aspisviper vorkommt, und 13 000 Vergiftungen im Haushalt!)

Schildkröten

Da die einheimische Sumpfschildkröte (*Emys orbicularis*; →Foto Umschlag-Rückseite) außerordentlich selten und vom Aussterben bedroht, darüber hinaus auch noch sehr scheu ist, kommt sie an unserem Teich nicht einmal als Gast in Frage.

Amerikanische Schmuckschildkröten gehören nicht in den natürlichen Gartenteich. Wer sie dennoch halten möchte, sei auf den GU-Ratgeber »Schildkröten« verwiesen. Hier erfahren Sie unter anderem, daß Sie sie nur im Sommer im Freien halten können und während der kalten Jahreszeit ins Terrarium bringen müssen. Beachten Sie bitte, daß die Schildkröte dann im Garten einen erhöhten, sonnenbeschienenen Ruheplatz in einer geschützten Ecke des Teichs über dem Wasserspiegel (etwa auf einem dicken Baumstamm) benötigt. Eine Überwinterung im Weiher ist bei unseren tiefen Temperaturen und langen Wintern ein Risiko und kann das Leben der Tiere gefährden – sofern diese nicht aus dem winterkalten Mississippi-Gebiet stammen.

Pflege und Erhaltung des Teichs

Es gibt viele Wege, die zu einem gepflegten Teich führen. Je nach Temperament werden Sie gerne an ihm »herumpusseln« oder ihn in Ruhe sich entwickeln lassen. Gegen beides ist nichts einzuwenden, solange die Arbeiten im Einklang mit der natürlichen Entwicklung des Teiches stehen. Es ist im Grunde alles erlaubt, was dem Pflanzenwuchs und der Tierentwicklung *auf lange Sicht* förderlich ist. Für die Pflege haben sich folgende Gerätschaften als nützlich und praktisch erwiesen:
1 Schlauch zum Füllen über den Wasserhahn;
1 Zwei-Zoll-Schlauch mit eingestecktem PVC-Rohr zum Abziehen des Wassers nach der Saughebermethode: Schlauch voll Wasser laufen lassen, ein Ende umknicken, über den Rand des Teichs ziehen, unter Niveau des Wasserspiegels beziehungsweise Teichbodens ablaufen lassen.
Bei größeren Teichen brauchen Sie:
1 Krail mit stumpf gefeilten Spitzen zum Ausräumen von wuchernden Pflanzen;
verschiedene Kescher (Zoofachhandel) zum Abfangen von Tieren.
Nach Belieben:
1 Lupe (eventuell Binokular) mit 10 bis 150facher Vergrößerung zur Beobachtung von Kleinlebewesen und zur Beurteilung von Schwebealgen.

Wie Sie Probleme lösen

Verzichten Sie auf den Einsatz von Hilfsmitteln, die Ihnen nur *vorübergehend* einen »gesunden« Teich bescheren. Wie oft habe ich erlebt, daß Teichbesitzer »trotz wiederholten Einsatzes« von Schädlingsbekämpfungs- und Algenvernichtungsmitteln, Filtern und Pumpen ihr Gewässer bald wieder im alten Zustand vorfanden, oft im Verein mit neuen Problemen. Sie hatten eben immer nur das Krankheitsbild »wegkuriert«, nicht aber die Ursachen des Mißstandes beseitigt. Sie sollen hier jedoch die Ursachen kennen und im Ansatz vermeiden lernen.

Algenblüten

Kleinste Blau- oder einzellige Grünalgen, auch Kieselalgen, können sich so stark vermehren, daß das Wasser wie eine dicke Suppe wirkt. Absterbende Algen führen zu Bakterienblüten (→Seite 60), die Sauerstoff verbrauchen. Doch es ist eine »Mär«, daß Teichwasser kristallklar zu sein hat. Eine gewisse Grünfärbung des Wassers im Sommer und Algenwatten, die in bescheidenem Maße in einigen Ecken ihr Dasein fristen, sind durchaus naturgemäß. Erst wenn das Wasser muffig zu riechen beginnt, Sie keine 10 cm mehr in die Tiefe blicken können (ein weißer Teller, entsprechend tief gehalten, verschafft Gewißheit über die jeweilige Sichttiefe) und Fadenalgen die Wasserpflanzen »zuspinnen«, dann müssen Sie eingreifen (*regulieren,* nicht ausrotten!).
Mögliche Ursachen: Nährstoffanreicherung im Gewässer durch Zersetzung von Pflanzen,

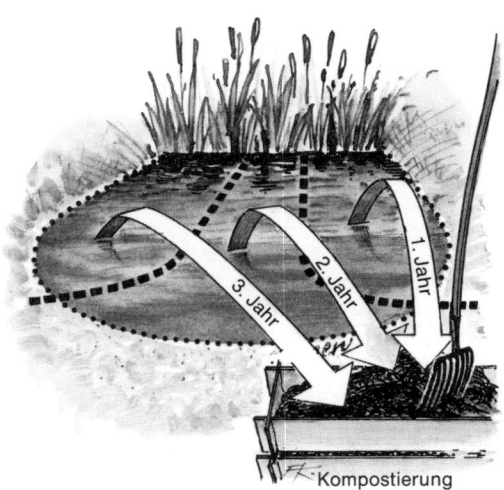

So läßt sich der Naturteich von Fallaub und Pflanzenresten befreien, ohne daß das biologische Gleichgewicht geschädigt wird. Bei schwacher Belastung genügt ein Zeitabstand von 2–3 Jahren zwischen den einzelnen Schritten.

Pflege und Erhaltung des Teichs

Tieren, Futtermaterial und Kot; Zulauf von düngerhaltigem Oberflächenwasser (aus dem Gartengelände oder von benachbarten Äckern); humusreicher Weiherboden. Diese Faktoren werden verstärkt durch starke Besonnung des Gewässers.

Abhilfen: Regelmäßiges jährliches Ausräumen eines Teils der Pflanzen und des »Bodensatzes« im November oder Anfang März (→Seite 10 f.). Einem humusreichen Weiherboden entziehen Sie mit der Zeit die Nährstoffe, indem Sie die alljährlich »geernteten« Pflanzen oder Fadenalgen kompostieren, die in ihnen »verarbeiteten« Stoffe also aus dem Gewässer herausnehmen. Räumen Sie die sich bildenden »Watten« mittels einer Harke aus, so verhindern Sie die Zersetzung der Algen und damit die Rückführung der Nährstoffe in das Wasser. Wenn Sie den Teich mit Wasserlinsen *(Lemna spec.)* oder Wasserpflanzen mit Schwimmblättern (Seerose, Teichrose, Seekanne, Froschbiß und Schwimmendes Laichkraut) auf natürliche Weise abdecken, behindern Sie den Lichtzutritt zum Wasser und damit eine übermäßige Algenproduktion. Starke Besonnung können Sie durch das Setzen von schattenspendenden Bäumen oder Büschen vermeiden. Bedenken Sie dabei jedoch die Ansprüche eventuell vorhandener Amphibien (→Seite 39 ff.). Busch- und Baumgruppen in der Nähe des Teichs sind dann so zu pflanzen, daß sie den Teich über Mittag, also zwischen etwa 11 und 15 Uhr beschatten. Vermeiden Sie jede Düngung. Alle im Teichboden wurzelnden Arten erhalten ausreichend Nährstoffe durch die auf Seite 10 f. beschriebenen natürlichen Vorgänge.

Unangebrachte Maßnahmen: Algen lassen sich nicht durch Sand-, Kies-, Schaumstoff- oder Wattefilter beseitigen. Spezielle kleinporige Filter verstopfen im Nu, die Filtereinsätze werden unbrauchbar und müssen laufend neu gekauft werden. Algenblüten lassen sich zwar im *Stadium des Entstehens* durch komplizierte und teure Ultraviolett-Bestrahlungseinrichtungen hemmen, entstehen aber sofort wieder, wenn Sie das Gerät abschalten. Chemische Algen-

hemmer (Algezide) wirken anfangs »klärend«, doch muß die Behandlung ständig wiederholt werden. Zersetzungsprodukte des Medikaments reichern sich unkontrolliert im Gewässer an und können Pflanzen und Tierwelt schädigen. Der dann oft empfohlene Wasserwechsel läßt das alte Problem wiederauferstehen. Der Versuch, ausschließlich durch Zuleitung von Frischwasser Algenblüten zu »verdünnen«, scheitert erfahrungsgemäß. Die Algen »danken« die Zufuhr von Leitungswasser durch vermehrtes Wachstum.

Bakterienblüten

Das Wasser wird milchig trüb; wenn Sie nachts mit einer Taschenlampe in den Weiher leuchten, erscheint der Strahl weiß wie im Nebel.

Ursachen: Es befindet sich zuviel »organisches Material« (Pflanzen oder tote Tiere, Futterreste, Kot) im Wasser, meist verbunden mit überdurchschnittlicher Wassererwärmung und/oder Sauerstoffschwund. Dieser ist dann wiederum Ursache für das Absterben vieler Tiere. Bakterienblüten treten oft kurz vor oder nach »Katastrophen« im Gewässer auf und signalisieren meist eine fällige Generalüberprüfung der Besatz- und Pflegegewohnheiten. Das »organische Material« kann auch aus Milliarden von Kleinstlebewesen bestehen, die im Wasser, auf den Pflanzen und im Boden siedeln und bei Anwesenheit von Sauerstoff arbeiten. Durch chemische Zusätze (→Seite 38) oder Sauerstoffmangel können sie schlagartig absterben. Von ihren Überresten ernähren sich dann die Bakterien, die so reichlich Nahrung finden, daß es zu einer explosionsartigen Vermehrung kommt. (Die Vermehrungsgeschwindigkeit von Bakterien hängt auch vom Nahrungsangebot ab.)

Abhilfen: Sofort belüften (Membranpumpe) und alle Unternehmungen, wie Füttern, chemische Zusätze, die geeignet sind, das biologische Gleichgewicht zu stören und/oder den Sauerstoffgehalt des Wassers zu vermindern, einstellen. Oft genügt bereits Luftzufuhr, um die unter Sauerstoff ablaufenden (erwünschten) Vorgänge im Wasser aufrechtzuerhalten. Möglichst viel Schlamm vom Teichgrund abziehen. Je nach Jahreszeit lassen Sie das ablaufende Wasser durch ein Sieb rinnen, um eventuell vorhandene Fische, Kleinlebewesen und Molchlarven aufzufangen und zurückzusetzen. Mit frischem Wasser auffüllen.

Entengrütze

Ursache: zu nährstoffhaltiges Wasser.

Abhilfen: Regelmäßig abfischen mit einem flachen Drahtsieb, das ein zu tiefes Eintauchen ins Wasser unnötig macht, damit die Unterwasserpflanzen nicht gestört werden.

In kleinen Teichen, die stark zugewuchert sind, hilft das Ausbringen von einem oder mehreren Lüftersteinen und die kräftige Durchlüftung eines Teils des Teiches. Durch die entstehende Oberflächenströmung werden die Wasserlinsen in den Randbereich der aufsteigenden Luftblasen verdrängt. Doch schädigen Sie damit auch Pflanzen, die ruhiges Wasser zur gesunden Entwicklung benötigen. Letztlich sollten Sie die »Entengrütze« als Anzeiger für nährstoffreiches Wasser werten und so lange tolerieren, wie das Wasser diese Qualität behält. Sinkt der Nährstoffgehalt, so entwickelt sich die Wasserlinse nur noch langsam weiter.

Mückenplage

Ursache: noch nicht »ausgereiftes«, nährstoffreiches Wasser.

Abhilfe: Abwarten, bis sich das biologische Gleichgewicht (→Seite 38) eingestellt hat, unter dem das Wasser für Mücken »unattraktiv« wird, denn es enthält dann zu wenig schwebende Nahrung für die Larven und zu viele Freßfeinde. Unter Umständen Einsetzen von Fischen, Amphibien, geeigneten Wasserinsekten. Da Mücken zum Atmen auf einen ruhigen Wasserspiegel angewiesen sind, im »Notfall« Wasseroberfläche bewegt halten durch Einblasen von Luft mittels Luftpumpe und »Lüftersteinen«. Damit verhindern Sie die Ausbreitung der Mückenlarven im Teich allerdings nur rein mechanisch (keine Dauerlösung).

Laubfall

Ein zu kleiner Teich kann unter Massen von Laub leicht begraben werden.

Abhilfe: Decken Sie ihn im Herbst mit ausgespanntem Maschendraht, leichter noch mit einem Vogelschutznetz für Obstgehölze (Maschenweite etwa 1 bis 2 cm) ab. Größere Teiche lassen sich zum Teil genauso abdecken. Häufiges Zusammenharken des Laubs in »Luv« des Teiches, also in der Hauptwindrichtung, oder Spannen eines Maschendrahtzaunes am Ufer kann den Laubeintrag dämmen helfen. Ganz verhindern werden Sie ihn nicht. Aber auch damit oder gerade deshalb kann sich der natürliche Gartenteich unter diesen speziellen Bedingungen entwickeln.

Maßnahmen im Winter

Alle Teiche bleiben auch im Winter unverändert. Sie lassen sie in gefülltem Zustand einfrieren. Selbst Amphibiengewässer (mit naturgemäßer Besetzung!) von weniger als 60 cm Tiefe können der Witterung preisgegeben werden, sofern ausreichend Mulm und Laub am Grund liegen, in das sich die Tiere zurückziehen und in dem sie zur Not auch einfrieren können. Fische würden das allerdings nicht überstehen. Sie müßten, wenn der Teich so flach ist, in Aquarien überwintern, was jedoch nicht im Sinne des Naturteiches ist. In Gewässern mit mehr als 60 cm Tiefe haben auch Fische in unseren Breiten eine Chance, heil durch den Winter zu kommen. Sie ziehen sich mit sinkender Wassertemperatur an die tiefsten Stellen zurück und verharren dort in einer Art »Winterstarre«. Ihr Stoffwechsel ist extrem verlangsamt, Sauerstoff wird kaum benötigt. Trotzdem ist es gut, wenn im kalten Wasser assimilierende (sauerstoffliefernde) Pflanzen vorhanden sind. Diese erzeugen jedoch nur so lange Sauerstoff, wie sie genügend Licht erhalten. Sobald sich eine Eisdecke auf dem Weiher bildet und Schnee fällt, leiden die Pflanzen rasch an Lichtmangel. Schieben Sie also deshalb die Schneeschicht von der Eisoberfläche weg.

Insekten des Naturteichs.
Oben: Mosaikjungfer, eine Großlibelle; Hufeisen-
azurjungfern bei der Paarung; Mitte: Tagpfauenauge;
Adonislibelle; unten: Wasserläufer; Eintagsfliege.

▷

Ist der Teich regelmäßig ausgeräumt und nicht mit Tieren übersetzt, können Sie es zulassen, daß sich die Eisdecke schließt. Schließlich haben die Fische über Jahrmillionen in Teichen überlebt, ohne daß ihnen ein Luftloch ins Eis gehackt wurde.

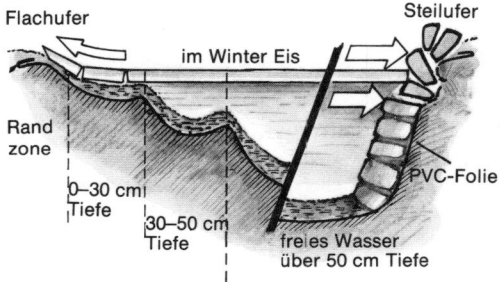

Der Teich mit seinen vier Tiefenzonen im Winter. Während Flachufer dem Eisdruck entgehen, können Steilufer zerstört werden.

Wichtig: Mit sinkender Temperatur stellen fast alle Fische unterhalb von etwa +12 °C die Futteraufnahme ein, da die niedrigen Temperaturen eine geregelte Verdauung beim Fisch nicht zulassen. Das Futter würde im Darm faulen, es würde zu Entzündungen und Krankheiten kommen (zum Beispiel Bauchwassersucht, →Seite 66) – die Fische sterben dann mit Sicherheit.

»Schädlingsbekämpfung«

So etwas sollte in Ihrem Teich nicht vorgenommen werden, denn im Sinne des Naturteiches gibt es keine Schädlinge. Es mag Tiere geben, die kurzfristig in Übermacht vorhanden sind, das kann aber bei einer ausgewogenen Biologie des Weihers nur von kurzer Dauer sein. Vermehren sich Seerosenblattläuse so stark, daß die Pflanzen vergilben, möglicherweise absterben, so stirbt die Blattlaus auch ab, da ihr die Futterpflanzen fehlen. Für den Teichbesitzer ist es eine Lehre, daß die Seerose in seinem Gewässer fehl am Platze war, entweder weil die Wasserqualität oder die Lichtverhältnisse

ungeeignet waren. An einer gesunden Pflanze am geeigneten Standort wird kaum eine Massenvermehrung von »Schädlingen« vorkommen. Treten dennoch Läuse auf, haben in einem intakten Gewässer auch ihre Feinde Gelegenheit, sich entsprechend zu vermehren und halten den Läusebestand in Grenzen. Läuse und Freßfeinde befinden sich dann im biologischen Gleichgewicht.

Ein Beispiel dazu aus meinem eigenen Garten: Während Nachbarn das ganze Jahr über regelmäßig Blattläuse »erfolgreich« mit Gift bekämpften, ließ ich unseren Garten ungespritzt. Mit einer beginnenden Ansammlung von Blattläusen zeigten sich zunehmend Larven von Marienkäfern, die von den Läusen leben. Bald waren alle Läuse verschwunden, der Garten aber kurzfristig voller Marienkäfer. Während die Nachbarn mit ihrem Gift auch diese umgebracht und einen »toten« Garten geschaffen hatten, blühte bei uns das Leben.

Zum Abschluß noch ein mündliches Zitat von Urs Schwarz, dem Schweizer Experten, zum Thema Blattlausbekämpfung, das über 20jährige Erfahrung mit Naturgärten widerspiegelt: »Mit Gift macht man alles kaputt bis auf die Blattläuse – die erholen sich am schnellsten.«

Kümmernde Pflanzen

Dieses Bild werden Sie kaum erleben, wenn Sie sich an die Empfehlungen dieses Buches halten. Wildformen kümmern und werden letztlich das Opfer von Pilzen und fäulnisbildenden Bakterien, wenn Sie sie nicht ihren Standortansprüchen entsprechend (Licht – Schatten, flaches – tiefes Wasser) einpflanzen. Viel eher jedoch neigen Zuchtformen zu »Empfindlichkeiten«, ebenso »exotische« Gewächse. Bilden sich an Blättern oder Stengeln »Borken«, färben sich Blätter erst fleckig, dann fortschreitend gelb und vergehen, so sind die betreffenden Pflanzen von »Schwächeparasiten«, von Pilzen, befallen, die sich nur in kümmernden Pflanzen ausbreiten können. Nicht auf die genannten Ursachen zurückzuführen sind Schädigungen der Pflanzen, wenn

(meist im späten Frühjahr) auf warme Tage plötzliche Temperatureinbrüche folgen. Die dann schon treibenden, zarten Pflanzenteile (Knospen, Triebspitzen, junge Blätter) werden oft gelb und sterben ab. In diesem Fall erholen sich die Gewächse von allein, sobald wieder jahreszeitgemäße Temperaturen herrschen.
Abhilfe: Verzicht auf Zuchtformen und »Exoten«, Überprüfung des Standortes und der Wasserqualität.

Verlanden

Wie bereits erwähnt, neigt jeder Teich zum »Verlanden«. Vom Ufer her wachsen Schilf- und Rohrkolbenbestände, Binsen und Kalmus zur Wassermitte hin vor; Schwebstoffe sammeln sich an und vermindern die Wasserhöhe, bis aus Ihrem Naturteich ein Hochmoor entstanden ist. Wenn Sie dieses Geschehen nicht bis zum Ende verfolgen wollen, müssen Sie jährlich oder in größeren Abständen einen Teil des »Bodensatzes« ausräumen, zu stark wuchernde Pflanzen auslichten.
Dies geschieht am einfachsten mit Hilfe eines Krails (einer Art krummgebogener Mistgabel), mit dem Sie zwischen Oktober und Anfang März einen Teil der Wurzeln herausreißen. Doch Vorsicht! Feilen Sie die Spitzen stumpf, damit Sie nicht aus Versehen und mit Schwung die Folie am Boden durchlöchern . . . Ist der Teich eher klein, und sind die Schilfbestände bescheidener, so daß der Einsatz einer Hacke nicht lohnt, reißen Sie bitte die Gräser und Schilfhalme nicht mit der bloßen Hand heraus! Das gibt tiefe Schnitte, hervorgerufen durch scharfkantige, harte Blätter und Stengel. Generell empfiehlt sich das Ausräumen des Teiches nach Beendigung des Laubfalls im Herbst. Damit beseitigen Sie einen Teil des Materials, das sich sonst über den Winter zersetzen würde. Amphibien, die sich bereits zwischen Wurzeln und Laub ein Versteck zum Überwintern gesucht haben, finden dann noch leicht ein neues. Sie sind im Stadium der Winterruhe durchaus noch in der Lage, mit offenen Augen umherzulaufen oder zu schwimmen. Zum Abschluß sei betont, daß diese Arbeiten durchaus nicht jedes Jahr durchgeführt werden müssen. Ist das Wasser zum Beispiel nährstoffarm und breitet sich das Grün deshalb nur langsam aus, so ist ein jährliches Ausräumen überflüssig. Ein Rhythmus von 2 bis 3 Jahren ist dann sinnvoller. Letztlich bleibt es Ihrem persönlichen Geschmack überlassen, was Sie zulassen wollen und was nicht. Auch ein zunehmend verlandender Teich mit sich langsam veränderndem Bewuchs und Tierleben ist über die Jahre hin reizvoll zu beobachten. . .
Eines sollten Sie jedoch *auf keinen Fall* tun: jeden geknickten Halm oder jedes welke Blatt sogleich entfernen, so daß der Teich stets von makellosem Grün gegürtet erscheint. Viele Kleinlebewesen benötigen verrottendes Pflanzenmaterial zur Ernährung und zur Eiablage. Es gehört unbedingt zu Ihrem natürlichen Gartenteich – ist lebensnotwendig, ein wesentliches Glied in der Lebenskette Ihres Gewässers. Düngen dürfen Sie in keinem Fall! Sie wissen jetzt genug über den Kreislauf der Nährstoffe, so daß Sie sicherlich von selbst davon Abstand nehmen, künstlich zu düngen. Sie wissen auch, daß sich die Nährstoffe im Wasser oft rascher ansammeln, als es Ihnen lieb ist, und daß Sie eher den Teich vor dem Zuwuchern bewahren müssen, als den Pflanzenwuchs zu fördern.

Ausfrieren des Gewässerbodens

Diese in der Teichwirtschaft noch heute empfohlene Maßnahme im Verein mit einer Ätzkalkung ist für den Naturteich höchst schädlich. Sie bewirkt, daß im Schlamm verborgene Krankheitskeime und Parasiten absterben, was wichtig ist bei einer in der Teichwirtschaft üblichen Massenhaltung von Fischen, bei der es zwangsläufig zu gesteigerter Vermehrung von Parasiten oder zur Ausbreitung von Seuchen kommt. Der Ätzkalk wirkt nicht nur keimtötend, sondern darüber hinaus auch noch düngend (ertragssteigernd). Mit dieser Maßnahme würden Sie also das biologische Gleichgewicht und die Bildung einer gesunden Population von Kleinstlebewesen verhindern.

Ausnahme: Wenn Sie aus einem verseuchten Fischteich einen Naturteich machen wollen, ist sie zur einmaligen Wiederherstellung des »Urzustandes« geeignet.

Pflege der Tierbestände

Sie ist überflüssig in einem Naturteich, da die Bestände sich, wie mehrfach beschrieben, selbst regulieren. Daher stellen Sie sich vor jedem Eingriff diese Fragen: Handelt es sich voraussichtlich um eine einmalige Aktion, die eventuell nur einen vorausgegangenen Pflegefehler wiedergutmachen soll? Korrigiere ich mit der Maßnahme etwas Grundsätzliches, so daß es vermutlich bei dieser einmaligen Korrektur bleiben wird, oder muß ich laufend an denselben Erscheinungen herumkurieren? Die nachfolgend beschriebenen Maßnahmen zur Behandlung sind nur in dem Sinne anzuwenden, daß sie einmalige Aktionen zur Korrektur vorausgegangener Fehler oder zur Vermeidung grundsätzlicher Fehler darstellen.

Krankheiten der Fische

Infektiöse Bauchwassersucht

Krankheitsbild: Die Fische sterben ohne äußere Anzeichen einer Schädigung innerhalb von 24 Stunden vereinzelt oder in größeren Mengen (akute Bauchwassersucht). Oder die Fische bekommen einen aufgetriebenen Bauch, die Schuppen stehen ab (Schuppensträube), ihre Augen quellen hervor oder fallen ein, sie werden träge, leben so über Tage und Wochen und sterben schließlich vereinzelt (latente Bauchwassersucht). Die Bauchwassersucht ist die gefährlichste aller Fischseuchen. Ihre medikamentöse Behandlung ist im Naturteich sinnlos, da die Fische nur im Aquarium mit Antibiotika zu behandeln wären. Allerdings läßt sie sich durch Beachtung einiger Hygienemaßnah-

men sehr gut in den Griff bekommen, wenn Sie die Hintergründe dieser Seuche kennen. Sie befällt so gut wie ausschließlich Karpfenfische (und damit auch die meisten der in diesem Buch empfohlenen Teichfische). In jedem Gewässer – auch in jedem Zuchtbetrieb, in jedem Aquariengeschäft und letztlich in jedem Heimaquarium gibt es die Erreger. Nur sind sie leider recht unterschiedlicher Art, so wie es verschiedene Grippe-Erreger gibt. Doch bilden gesunde Fische gegen den Erreger in ihrem Revier Abwehrstoffe. Sie bleiben – zumindest äußerlich – gesund und sind zudem noch widerstandsfähig gegen den ihnen »vertrauten« Erreger, sind »immun«. Setzen Sie sie jetzt um in ein Gewässer mit einem Erreger, gegen den sie nicht gewappnet sind, so kann dieser sich ungehindert im Fisch ausbreiten, ihn binnen kurzem umbringen. Ob der Fisch dem neuen Erreger widersteht, hängt meist von seinem Gesamtzustand (Vitalität), den neuen Milieuverhältnissen und Ihren vorbeugenden Maßnahmen ab. Jedes Umsetzen bedeutet für den Fisch eine Belastung, die dadurch entsteht, daß er sich an neue Rivalen, neue Verstecke, anderes Wasser, ungewohntes Futter und Störungen erst gewöhnen muß. In dieser Phase ist er gegen Ansteckung besonders anfällig. Deshalb *ist es unbedingt notwendig, daß Sie jeden Fisch, bevor Sie ihn im Teich aussetzen, in Quarantäne halten.* In dieser Zeit haben Fisch und Erreger ein »seuchenbiologisches Gleichgewicht« gefunden, unter dem es unter ungestörten Bedingungen dann nicht mehr zum Ausbruch der gefährlichen Seuche kommt. Ändern sich allerdings die Lebensbedingungen zum Schlechten (Sauerstoffmangel, Schadstoffbelastung, Überbesetzung und damit verbundener Futtermangel, Mangel an Rückzugsmöglichkeiten), so kann die Krankheit ausbrechen. Sie tritt dann als Anzeichen einer individuellen Schwächung des Fisches auf, bleibt aber meistens auf wenige Exemplare beschränkt. (Es kommt dabei selten zum Massensterben).

Der häufigste und gefährlichste aller Auslöser ist jedoch das Einsetzen eines einzelnen Fisches aus einem fremden Gewässer (Teich, Zoogeschäft, »*gesundes*« Aquarium eines Bekannten). Da ein seit Jahren noch so vital erscheinender Fisch die Seuche (versteckt) in sich tragen kann, breitet sich diese unter dem alteingesessenen Bestand, der dagegen keine Abwehrkräfte besitzt, explosionsartig aus, und es kann zu einem Massensterben kommen.

Vorbeugung: Niemals einzelne (»fremde«) Fische direkt zu einem schon existierenden Bestand in den Teich setzen! Falls Sie Lebendfutter aus einem anderen Gewässer fangen – den Fangort nicht wechseln, denn auch Futtertiere können die Krankheit übertragen. Neue Fische immer in Quarantäne nehmen, und zwar unter guten (Aquarien-)Bedingungen. Zeigt er nach 2 bis 3 Wochen keine Krankheitssymptome, so reichern Sie das Aquarium über mehrere Wasserwechsel mit Teichwasser an, bis es endlich ausschließlich damit gefüllt ist. Nach weiteren 3 Wochen der (hoffentlich ergebnislos verlaufenden) Beobachtung können Sie den Fisch oder Fischschwarm dann getrost in den Teich setzen. Bei den geringsten Anzeichen dieser Erkrankung den Fisch nicht behandeln und einsetzen, sondern töten, denn auch nach einer Behandlung können Erreger im Fisch versteckt bleiben (latente Infektion).

Behandlung: Sollte Ihr *Neubesatz* im Quarantänebecken Anzeichen der Seuche (Schuppensträube) zeigen, so empfiehlt sich die Verfütterung von Furanace $^{(R)}$-Granulat, 10%ig (Zoofachgeschäft). Das Granulat mischen Sie 1× täglich unter pastos aufgeweichtes Trockenfutter, und zwar 3 mg pro 500 g (Gesamt- oder Einzel-) Fischgewicht. Die Fütterung so lange fortsetzen, bis der Fisch äußerlich gesund erscheint. Die Kur zweckmäßigerweise um etwa 5 Tage verlängern. Sind die Fische zu klein für eine Verabreichung mit dem Futter (die abzuwiegende Menge wäre dann zu gering), so geben Sie 3 bis 5 Tage lang 1 mg Granulat in 1 l Aquarienwasser. Die benötigte Menge wiegt der Zoofachhändler ab, oder Sie lassen das Medikament in einer Apotheke oder beim Tierarzt (meist gegen Gebühr) abwiegen.

Außer dieser Seuche gibt es noch andere bakterielle Erkrankungen, die jedoch nur vom Fachmann zu unterscheiden sind. Auf sie sind die genannten Maßnahmen auch anwendbar.

Parasiten

Am häufigsten werden Sie wohl auf den Fischegel und die Karpfenlaus treffen. Sie sind als Schwächeparasiten zu werten und nehmen am Fisch nur unter ungünstigen Bedingungen überhand (vor allem bei Schwächung durch bakterielle Infektionen, zu dichtem Besatz, Streß).

Behandlung: Sie begegnen Parasiten nicht aktiv, sondern warten, bis sich der Fischbestand mit den Parasiten im natürlichen Gleichgewicht befindet. Ich sah Karpfen voller Egel neben fast unbefallenen Tieren schwimmen. Wenn solch ein Fisch leidet und schwächer wird, merken das Parasiten wie die Egel und Karpfenläuse lange bevor der Schaden für das menschliche Auge deutlich wird. Sie sind bei massenhaftem Auftreten also oft Anzeiger für Mißwirtschaft mit dem Fischbesatz beziehungsweise dem Teich. Lediglich stark befallene Fische können Sie samt ihren Peinigern aus dem Teich herausfischen. Im Quarantänebecken nützt unter Umständen bei Karpfenlausbefall – rechtzeitig begonnen – eine Kur mit Kaliumpermanganat: 1 g in 10 l Wasser lösen, gut belüften, Fische 5 bis 10 Minuten »baden«. Das Mittel belegt die Kiemen des parasitären Krebses, aber auch die der Fische, die bei starker Schwächung in der Folge sterben.

Mit Fischegeln befallene Fische baden Sie im Netz in Lysol (2 ml in 1 l Wasser verdünnen, den Fisch für 5 bis 15 Sekunden eintauchen). Die anschließende 3 bis 6 Wochen dauernde Beobachtung im Quarantäneaquarium wird Ihnen zeigen, ob der Fisch noch an anderen Krankheiten leidet. Generell ist zu sagen, daß bei immer wieder auftauchenden Problemen mit diesen Parasiten etwas im Gleichgewicht gestört und das Gewässer nicht geeignet ist, Fische zu beherbergen. Sie sollten sie gegebenenfalls aussterben lassen und nach etwa 3 Jahren erneut einen Besatz versuchen. Bis dahin sind die Fischegel, die wahre Hungerkünstler sind, dennoch mit großer Wahrscheinlichkeit aufgrund von Nahrungsmangel gestorben.

Durch Sauerstoffmangel hervorgerufene Erscheinungen

Sauerstoffmangel herrscht in belasteten Gewässern, vor allem an warmen Tagen oder in flachen Teichen, die sich sehr schnell erwärmen und allein aus diesem Grund für diese Mangelerscheinung vorherbestimmt sind. Sterben die Fische, so sollten Sie die Fischhaltung aufgeben. Sie können die fatalen Umstände ja nicht ändern und würden immer wieder mit denselben Problemen konfrontiert.

Den Sauerstoffgehalt können Sie ohne chemisches Labor abschätzen. Wenn in einem nährstoffreichen Teich die Wassertemperatur deutlich und anhaltend 5 bis 7 Tage lang über 25° C ansteigt, achten Sie auf das Verhalten der Fische: Erscheinen sie zunehmend an der Oberfläche und schnappen nach Luft, so ist Gefahr im Verzug. Beim Luftschnappen drücken die Fische die Luft derart durch die Kiemen, daß sich bald größere Luftbläschen – Schaumbläschen – an der Oberfläche sammeln. Das ist der entscheidende Unterschied zur gemächlichen Nahrungssuche, bei der die Fische das Oberflächenhäutchen des Wassers mit all seiner Anflugnahrung und/oder den Wasserlinsen einziehen. Bei der Nahrungsaufnahme erscheinen die Tiere nur wechselweise und vereinzelt an der

Wasseroberfläche und hinterlassen keine oder nur sehr kurzlebige Bläschen. Außerdem ist ihre Atmung gleichbleibend ruhig, während Tiere unter Sauerstoffmangel sehr »betont« und schnell atmen.

Maßnahmen zur Sauerstoffanreicherung sind auf Seite 60 beschrieben.

Krankheiten der Amphibien

Es gibt bakterielle Infektionen, aber auch Krankheiten, die durch Einzeller, Würmer und Insekten sowie Pilze hervorgerufen werden. Da sie sehr selten in einem natürlichen Gewässer auftreten, brauchen sie an dieser Stelle nicht beschrieben zu werden. Zu »Massenverlusten« kommt es im Leben der Amphibien natürlicherweise nur im Stadium des Schlupfes aus dem Ei und der Gestaltumwandlung. Sie brauchen in diesem Fall keine Seuche zu befürchten. Alle anderen Todesfälle dürften im Rahmen des Normalen auftreten und eher von akademischem Interesse sein.

Erschrecken mögen uns hin und wieder Kröten, Laubfrösche oder Salamander, deren Nasenöffnungen erweitert und/oder deren Augen zerstört sind. Bei genauem Hinsehen sind die Nasenhöhlen von Fliegenmaden der »Krötenfliege« *(Bufolucilia bufonivora)* befallen, die bis ins Gehirn vordringen und das Tier töten. Im Anfangsstadium kann es helfen, wenn Sie die erreichbaren Maden mit einer Pinzette entfernen und den Lurch ins Wasser setzen, wo die restlichen Maden möglicherweise abgetötet werden.

nur Nahrungsaufnahme | Notatmung

Links: Bei Nahrungsaufnahme von der Oberfläche bilden sich kaum Bläschen. Rechts: Bei Sauerstoffmangel gehen Fische zur »Notatmung« über; sie schlucken Luft.

Bücher, die weiterhelfen

Bücher mit weiteren Informationen zum Thema Naturteich – Naturgarten:

Kabisch, K., Hemmerling, J.: Tümpel, Teiche und Weiher, Oasen in unserer Landschaft. Landbuchverlag Hannover, 1982

Schwarz, U.: Der Naturgarten. W. Krüger-Verlag Frankfurt, 1980

Ernst Zimmerli: Freilandlabor Natur. Schweizerisches Zentrum für Umwelterziehung (SZU) Zofingen. Verlag WWF Schweiz, Zürich 1980

Bücher, die bei der Bestimmung von Pflanzen und Tieren helfen und einen Einblick in ihre Biologie geben:

Pflanzen

Blab, J.: Untersuchungen zu Ökologie, Raum-Zeit-Einbindung und Funktion von Amphibienpopulationen. Schriftreihe Landschaftspflege und Naturschutz, Heft 18, Bonn, 1978

Blab, J., Nowak, E., Trautmann, W., Sukoppf, H. (Hrsg.): Rote Liste der gefährdeten Tiere und Pflanzen in der Bundesrepublik Deutschland – Reihe »Naturschutz aktuell« 1, Kilda-Verlag, Greven, 1981

Lippert, W., Podlech, D.: Großer Naturführer Blumen. (Pflanzen in Naturfarbfotos abgebildet und nach Blütenfarben geordnet.) Gräfe und Unzer Verlag München, 1983

Schauer, Th., Caspari, C.: Der große BLV Pflanzenführer. (Gezeichnete Pflanzendarstellungen, nach Standorten geordnet.) BLV Verlag München, 1982

Tiere

Arnold, E. N., Burton, J. A.: Pareys Reptilien- und Amphibienführer Europas. Verlag Paul Parey Hamburg, 1979

Engelhardt, W.: Was lebt in Tümpel, Bach und Weiher? Kosmos-Franckh Verlag Stuttgart, 1983

Frommhold, E.: Heimische Lurche + Kriechtiere, A. Ziemsen Verlag, Wittenberg

Grossenbacher, K., Brand, M.: Schlüssel zur Bestimmung der Amphibien und Reptilien in der Schweiz, Naturhistorisches Museum Bern, 1973

Hofer, R.: Amphibien- und Reptilien-Kompaß, Gräfe und Unzer Verlag München, 1983

Hofer, R.: Süßwasserfische-Kompaß, Gräfe und Unzer Verlag München, 1982

Honegger, R. E.: Threatened amphibians and reptiles in Europe – Council of Europe, Nature and Environment, Series 15 (Text englisch).

Lemmel, G.: Die Lurche und Kriechtiere Niedersachsens – Grundlagen für ein Schutzprogramm. Naturschutz + Landschaftspflege in Niedersachsen, 5; Hannover, 1977

Muus, B. J., Dahlström, P.: Süßwasserfische Europas. BLV-Verlag München, 1981

Bücher, die »Spezialisten« interessieren:

Amlacher, E.: Taschenbuch der Fischkrankheiten, G. Fischer Verlag Stuttgart, 1976

Braemer, H., Scheurmann, I.: Aquarienfische. (Aquaristische Grundlagen für den Betrieb der Quarantäne.) Gräfe und Unzer Verlag München, 1982

Duijn, C. van: Diseases of Fishes, Iliffe London, 1973

Jahn, J.: Der kleine Gartenteich und das Freilandaquarium. (Behandelt u. a. die Einrichtung eines »Seerosen- und Goldfischteiches«.) Lehrmeisterbücherei 115, Philler Verlag, Minden.

Reichenbach-Klinke, H.: The principal Diseases of Lower Vertebrates, Academic Press London, 1965. (Enthält auch Beschreibungen von Amphibien- und Reptilienkrankheiten und ihrer Behandlung; Text englisch.)

Schlegel, H. G.: Allgemeine Mikrobiologie. G. Thieme Verlag Stuttgart, 1981

Schmidt, G.: Der kranke Fisch. Lehrmeisterbücherei 71, A. Philler Verlag Minden

Wachter, K.: Der Wassergarten. (Für Seerosenspezialisten empfehlenswert.) Eugen Ulmer Verlag Stuttgart, 1981

Wilke, H.: Schildkröten. (Für die Pflege von Wasserschildkröten.) Gräfe und Unzer Verlag München, 1979

Arten- und Sachregister

Kursiv gesetzte Seitenzahlen verweisen auf Farbbilder.

Arten- und Sachregister

Arten- und Sachregister

Adressen, die weiterhelfen

Einheimische Wasser-, Sumpf- und Uferpflanzen, Teichfolien und »Fertigteiche« aus Kunststoff erhalten Sie nach meiner Prüfung zum Beispiel bei den Firmen:

Drepper & Gädke GmbH und Co.
Wendenweg 7
4600 Dortmund 76
(Versand von Folien und Fertigteichen)

Richard Kiel
Wasserpflanzenkulturen
Hainerweg 134
6000 Frankfurt am Main 70
(Direktversand von Wasser- und Sumpfpflanzen)

U. Oldehoff
Gartenstraße
8196 Achmühle
(Versand von Folien, Wasser- und Sumpfpflanzen)

Ubbink GmbH
Sachstenstraße 32–34
4236 Hamminkeln 2
(Großhandel; deshalb kein Direktversand von Folien, Fertigteichen und Pflanzen, jedoch Händlernachweis)

Karl Wachter KG
Staudenversand und Wassergarten-Systeme
2081 Appen-Etz
(Direktversand von Folien, Fertigteichen und Pflanzen)

Wülfing und Hauck GmbH & Co. KG
Ernst-Abbe-Straße 2
3504 Kaufungen

Folgende Naturschutzorganisationen geben Gelegenheit zur Mithilfe bei Amphibien- und Reptilienschutzprogrammen:

World Wildlife Fund Deutschland (WWF)
Sophienstraße 44
6000 Frankfurt 90

Die Organisation besteht auch in der Schweiz und Österreich.

Bund für Umwelt und Naturschutz BUND
In der Raste 2, Postfach 12 05 36
5300 Bonn 1

Beratung durch den Autor bei Problemen mit dem Teich, in Fragen der Amphibien- und Reptilienzucht, bei Fischkrankheiten über: Tierpark Vivarium, Schnampelweg 4, 6100 Darmstadt